VUES DES RUINES DE POMPÉI,

D'APRÈS L'OUVRAGE PUBLIÉ A LONDRES EN 1819
PAR
SIR WILLIAM GELL ET J.-P. GANDY, ARCHITECTE,
SOUS LE TITRE
DE POMPEIANA.

PARIS,
DE L'IMPRIMERIE DE FIRMIN DIDOT, IMPRIMEUR DU ROI,
RUE JACOB, N° 24.

1827.

PRÉFACE.

Une ville qui a été ensevelie sous une pluie de cendres, dont l'emplacement est resté long-temps inconnu, dont le désastre même s'était effacé du souvenir des hommes, et qui, après dix-sept cents ans, sort tout entière de ses ruines, voilà sans doute le plus beau monument que l'antiquité ait légué à notre âge, et le plus grand spectacle qui soit offert à l'admiration des artistes et à la curiosité des voyageurs. Il y a dans ces faits quelque chose de si merveilleux, qu'il n'est permis à personne de les ignorer ou de ne pas s'y intéresser : est-il un seul homme, à moins qu'il ne soit resté tout-à-fait étranger à ce qui s'est passé ailleurs que sous ses yeux, qui n'ait entendu parler d'Herculanum et de Pompéi, et qui n'ait eu le désir de visiter un jour ces villes célèbres ?

Mais Herculanum, enseveli sous une couche de lave de plus de soixante pieds d'épaisseur, ne pouvait être mis au jour sans des travaux immenses qu'on a jugés impraticables; aussi les profondes excavations qui y sont faites n'ont-elles pour objet que d'en tirer des statues, des bronzes, des peintures et d'autres débris précieux qui vont enrichir quelques musées, tandis que les travaux qui se continuent à Pompéi doivent dégager une ville entière. Déja ce prodige est opéré en partie; on a retrouvé les murs d'enceinte, on a découvert des temples, des tombeaux, des théâtres, plusieurs rues bordées d'habitations privées, d'auberges et de fontaines, que tout le monde peut voir comme dans une cité nouvellement construite. Tous les monuments sont restés debout et tous les ornements intacts : un contemporain d'Auguste, s'il renaissait, pourrait dire, suivant M. de Taylor : « Salut, ô ma patrie! ma demeure est la seule sur la terre
« qui ait conservé sa forme et jusqu'aux moindres objets de mes affections;
« voici ma couche, voici mes auteurs favoris; mes peintures sont encore
« aussi fraîches qu'au jour où un artiste ingénieux en orna ma de-

«meure. Parcourons la ville, allons au théâtre; je reconnais la place
«où pour la première fois j'applaudis aux belles scènes de Térence et
«d'Euripide..... »(1)

Le voyageur, frappé d'étonnement et de tristesse au milieu de ces rues qui sont restées désertes, cherche des yeux les habitants; il s'afflige de n'en pas voir un seul, et il ne peut comprendre qu'ils aient tous péri depuis tant de siècles : alors l'idée d'un grand désastre se réveille; il se souvient qu'il est au pied du Vésuve, et il craint que la population nouvelle qui est venue couvrir de ses habitations ce sol brûlant et fertile, et qui semble se jouer des menaces du volcan, ne soit un jour ensevelie vivante comme celle de Pompéi.

Cette ville ne doit pourtant qu'à la catastrophe dont le seul récit nous épouvante, d'avoir été sauvée d'une ruine plus complète; la plupart des autres cités de l'ancienne Italie ont maintenant disparu, ne laissant après elles que le souvenir incertain de leur puissance ou de leur gloire: Pompéi, qui ne fut ni puissante ni célèbre, est encore debout, et chacun de ses monuments, chacune de ses pierres, est devenue un trésor pour la génération présente et pour celles qui vont suivre.

Il n'y a pas fort long-temps que le hasard fit découvrir cette mine d'antiquités, dont on était bien loin d'abord de soupçonner la richesse. En 1748, un laboureur, creusant un sillon, rencontra une statue de bronze, avec le soc de sa charrue : cette circonstance, rapportée au gouvernement, amena les premières fouilles. Bientôt des ouvriers qui travaillaient à la construction d'un aquéduc pour la manufacture d'armes de Torre del Annunziata, firent avec le même bonheur la découverte du temple d'Isis, et par-là se confirmèrent les espérances qu'on avait conçues. Depuis cette époque les travaux ont continué avec une activité toujours croissante.

Les fouilles régulières, dirigées par les soins et par les conseils éclairés du général Championnet, qui, en 1799, occupa le royaume de Naples au nom de la France; celles qui furent exécutées pendant les années

---

(1) Lettre de M. le baron Taylor à M. Charles Nodier, écrite de Pompéi.

1812 et 1813, en présence de la reine Caroline, ou depuis par l'ordre du gouvernement napolitain, ont eu les résultats les plus heureux.

D'habiles antiquaires et des architectes distingués ont mis sous les yeux du public les produits successifs de ces intéressantes recherches. Les notices de M. Millin et de M. le comte de Clarac, sur les tombeaux, sont pleines de remarques savantes et curieuses; mais par la nature même de ces dissertations, on voit quelle en doit être la spécialité. M. Mazois, dont les amis des arts déplorent la perte récente, laisse un ouvrage qui est le plus complet, bien qu'il soit inachevé, mais qui, en raison de son prix et de son étendue, n'est pas à la portée d'un grand nombre de lecteurs.

Il y a beaucoup d'autres auteurs qui ont écrit sur le même sujet; mais tous n'ont pas observé avec la même exactitude. Lorsque l'avantage de dessiner à Pompéi était conféré par privilége, des hommes qui ne pouvaient pas être contredits étaient fort sujets à se tromper : témoin le savant Martorelli, qui fit un mémoire énorme pour prouver que les anciens n'avaient pas connu le verre de vitre, et qui eut la douleur d'apprendre, quinze jours après la publication de son in-folio, qu'on venait de découvrir une maison où les croisées étaient garnies de vitres.

Nous qui pouvons profiter des fautes et des lumières des autres, nous n'avons cependant pas la prétention de donner un ouvrage qui ne laisse rien à désirer; mais nous avons mis le plus grand soin à faire un bon choix, à n'omettre rien de ce qui est curieux ou intéressant, à recueillir enfin les principaux traits de ce vaste tableau.

Nous avons pris dans l'ouvrage anglais qui fera la base de notre travail tout ce qu'il offre de plus remarquable. Le charme des vues qu'il renferme, et qui sont à-la-fois très-variées et très-pittoresques, nous a particulièrement séduits; elles ont été choisies de manière à satisfaire toujours par l'agrément du coup-d'œil et par l'idée exacte qu'elles donnent des ruines et de l'architecture de Pompéi. La lecture du texte prouvera que les éditeurs anglais se sont livrés à un travail tout-à-fait consciencieux : le plus souvent nous n'avons eu besoin que de traduire; cependant nous avons été amenés, par l'examen réfléchi et par la comparaison des divers documents que nous avons eus sous les yeux, à y faire parfois des retranchements et des additions. Il a pris de la sorte une physionomie nouvelle : tout ce qui était de nature à n'intéresser que l'antiquaire a disparu, et nous avons mis à la place des détails que le peintre et l'architecte aimeront peut-être à y trouver.

En nous efforçant de donner de l'intérêt à cet ouvrage pour un plus grand nombre de lecteurs, nous avons eu soin d'y laisser tout ce qu'il pouvait contenir d'utile; en un mot, nous n'avons rien négligé pour que cette nouvelle publication méritât d'être favorablement accueillie.

C'est un devoir et un plaisir pour nous de payer ici un tribut de reconnaissance à plusieurs architectes qui nous ont donné de précieux renseignements, et qui ont mis à notre disposition les matériaux recueillis par eux à Pompéi même.

Le texte de notre ouvrage sera divisé en quatre parties, non compris l'introduction historique.

La première partie contiendra la description des tombeaux, des voies et des murs d'enceinte;

La seconde traitera des maisons ou habitations privées;

La troisième, du forum, des édifices publics et des temples;

La quatrième, des deux théâtres et des peintures.

NOTICE HISTORIQUE.

Plusieurs monuments debout et bien conservés, d'autres abattus ou à moitié ensevelis, des amas de cendres et de scories volcaniques, des vignes et des peupliers dont la verdure paraît plus belle au milieu des ruines; et dans le voisinage, quelques pauvres cabanes qui servent d'habitation aux travailleurs; tel est, sous un ciel admirable et en présence du Vésuve, l'aspect à-la-fois si intéressant et si triste que Pompéi offre de nos jours.

Le but des immenses travaux que l'on a entrepris est de dégager cette ville tout entière, et d'en conserver, autant qu'il se peut, les monuments intacts, pour qu'elle reparaisse à nos yeux telle qu'elle existait il y a deux mille ans : notre but est le même dans cette Notice. Nous ferons connaître Pompéi; nous dirons ce qu'elle a été à des époques diverses, quels furent son origine, ses progrès, sa prospérité et le dernier de ses malheurs. Sans doute, quand un intérêt si vif s'attache à ses moindres débris, on ne restera pas indifférent aux souvenirs de son histoire.

La Campanie fut célèbre chez les Romains par ses vins, par ses roses et par ses délices : elle s'étendait, comme un vaste jardin, entre le Liris et le Sarno (planche II). C'était dans cette contrée, au fond du golfe du Cratère formé par le cap de Misène et le promontoire de Minerve, qu'était bâtie, sur une éminence, la ville de Pompéi. Des observations récentes ont à peu près démontré qu'elle était autrefois baignée par la mer à l'ouest et au sud; mais elle n'offrait point un abri sûr aux vaisseaux; elle servait d'entrepôt à un commerce assez étendu qui se faisait, suivant toute apparence, par le cours du Sarno avec Nola, Nuceria et les plaines fertiles au sud du Vésuve.

Son origine remonte à la plus haute antiquité : on devrait s'en tenir à ce fait qui est vrai, sans se livrer à des conjectures plus ou moins ingénieuses, qui ne parviennent jamais à établir, sur des temps inconnus, que des faits douteux. Nous laissons à de plus habiles le soin de décider si les premières murailles de Pompéi furent bâties par Hercule ou par des Égyptiens. On assure qu'elle fut peuplée par des Lestrygons, des Pélasges, des Osques, auxquels succédèrent les Ausoniens. Ce qui nous paraît assez vraisemblable, c'est qu'elle ait appartenu à une colonie grecque, originaire de Chalcis en Eubée, qui fonda la ville de Cumes, et dans le voisinage celles de Paléopolis et Néapolis. Le style des édifices et des ornements d'architecture qui ont été conservés vient à l'appui de cette opinion, et Tacite nous dit, après Virgile, que des pirates grecs, maîtres de Caprée, étendirent leur domination sur toute la contrée qui avoisine le Sarno.

Les Étrusques, dont les douze villes formaient une république fédérative dans la Campanie, chassèrent les Cuméens de toutes leurs possessions, et s'en virent à leur tour dépouillés par les Samnites. Ils eurent l'imprudence d'appeler les Romains à leur secours, et dès-lors ils devinrent les témoins d'une lutte qui, de quelque manière qu'elle se terminât, ne pouvait plus leur rendre ni la puissance ni la liberté. Au milieu des troubles occasionnés par ces rivalités, on s'étonne que la ville de Pompéi ne soit pas nommée une seule fois par les historiens. Elle resta aussi étrangère aux longues calamités qu'on vit fondre sur la Campanie à la suite de l'invasion d'Annibal.

Ce malheureux pays, que Rome n'avait pas eu le temps de façonner à son joug, accueillit les Carthaginois comme des libérateurs. La bataille de Cannes semblait assurer sa délivrance, et déjà la riche Capoue se faisait appeler la capitale de l'Italie. Mais le séjour et les rapines de deux armées, treize années de guerre, et des malheurs aussi grands que les premiers succès, épuisèrent toutes les ressources des habitants. Après la fuite d'Annibal, dont le génie céda à l'infatigable persévérance de Rome, ils furent livrés à la clémence de leurs

NOTICE HISTORIQUE.

ennemis. Tous les sénateurs furent battus de verges et massacrés; toute la population fut réduite en servitude; les murs seuls restèrent debout; et Tite-Live ose dire que la majesté de Rome ne s'abaissa point à une vengeance indigne d'elle! On a lieu de croire que les villes d'Herculanum et de Pompéi, qui n'avaient pris aucune part à la résistance, furent oubliées dans le châtiment.

La république romaine avait agrandi ses conquêtes; dans presque toutes les contrées de l'Asie et de l'Europe on voyait arriver ses armées ou ses proconsuls; mais, pour étendre ainsi sa puissance au dehors, elle avait besoin des ressources de l'Italie; elle en tirait des soldats; elle donnait aux citoyens romains des compagnons d'armes; mais elle ne voulait point qu'ils eussent d'égaux. Les cités de l'Italie s'indignèrent de cette longue injustice, et, lasses d'employer leurs armes au service d'un sénat orgueilleux qui les opprimait, elles résolurent enfin de les tourner contre lui, et de s'en servir pour leur affranchissement. Une ligue fut bientôt formée, sous l'influence des Samnites, entre des peuples qui avaient un intérêt commun, et la guerre sociale éclata depuis les bords du Liris jusqu'à la mer Ionienne. Cette fois Pompéi prit une part active aux efforts que tentèrent les peuples ligués pour recouvrer leur indépendance; elle succomba avec eux sous la puissance de Rome et sous la fortune de Sylla. Témoin des vengeances cruelles exercées contre les vaincus et de la ruine de Stabia, elle ne fut point intimidée; elle vit le dictateur camper à ses portes avec ces mêmes légions qui avaient remporté tant de victoires et saccagé tant de villes; mais, dans l'espoir d'être secourue, elle résista. Les Samnites, qui voulurent la sauver, furent vaincus. Il semble que ce soit là le moment marqué pour la destruction de Pompéi; cependant, soit que la ville se hâta de capituler, soit que le dictateur ne daignât point s'arrêter à ce siège, elle fut miraculeusement sauvée. Il paraît même qu'elle conserva jusqu'au règne d'Auguste le privilége d'élire ses magistrats. Sous cet empereur, elle tomba au rang de colonie, et dès-lors assujettie directement à la domination romaine; elle fut obligée de payer des *patrons*, et de recevoir les *duumvirs* et les *décurions*, que ses maîtres lui envoyaient pour la gouverner.

Il reste peu d'évènements mémorables dans l'histoire de Pompéi; cependant il en est un qui arriva l'an 59 de l'ère chrétienne, et que nous ne devons pas omettre, puisque Tacite a pris la peine de le raconter.

Une querelle s'éleva entre les colonies de Nucéria et de Pompéi, à l'occasion d'un spectacle de gladiateurs donné par *Livineius Regulus*, dans cette dernière ville; des railleries on en vint aux invectives, et après s'être servi de pierres on eut recours aux armes; les Pompéiens qui étaient dans leurs murs vinrent à bout d'en chasser leurs adversaires, mais non sans qu'il y eût du sang répandu. Les Nucériens portèrent leurs plaintes à Rome, et demandèrent vengeance à l'empereur, les uns pour un fils, d'autres pour un père qu'ils avaient perdu. Néron renvoya l'affaire au sénat, qui, sur le rapport des consuls, décréta que les Pompéiens seraient privés de spectacles pendant dix ans, et que Régulus serait banni avec les habitants qui avaient pris le plus de part au désordre.

Cette rixe et ses suites n'avaient troublé que momentanément le repos des Pompéiens. Leur ville, enrichie par le commerce, embellie par les arts et placée dans la situation la plus riante, offrait une retraite délicieuse aux plus illustres citoyens de Rome. Les habitations qui avaient vue sur l'ancien port, descendaient en amphithéâtre jusqu'au rivage : du haut des terrasses on contemplait la mer, le golfe de Stabia, la belle côte de Sorrento, et dans le lointain le cap de Minerve et l'île de Caprée. Les environs étaient ornés de jardins et couverts de villages ou de maisons de plaisance qui s'étendaient au loin sur la route de Naples; et d'un autre côté, jusqu'au sommet du Vésuve. Une végétation superbe, un ciel toujours pur, ajoutaient aux délices de cette heureuse contrée; mais elle était minée par des feux souterrains, qui peut-être y avaient déjà porté le ravage dans des temps dont on n'a pas conservé le souvenir. La ville elle-même était bâtie sur une éminence formée par la lave, et que l'on peut regarder comme une ancienne bouche de volcan.

Le 16 février de l'an 63, un tremblement de terre, précurseur d'une plus grande catastrophe, se fit sentir dans toute la Campanie. Pompéi, Herculanum et plusieurs autres villes, furent en partie détruites ou fortement endommagées; un troupeau de six cents moutons fut étouffé, des statues se fendirent, et l'on vit errer dans les campagnes une foule de malheureux qui, au milieu de ces convulsions de la nature, perdirent la raison. L'année suivante, il en survint un autre pendant que Néron chantait sur le théâtre de Naples, qui s'écroula aussitôt que l'empereur en fut sorti. Les habitants de Pompéi, frappés d'épouvante, n'osaient relever les murs de leurs maisons à demi ruinées; cependant les secousses ayant cessé pendant un assez long intervalle, ils s'enhardirent peu à peu à rentrer dans leurs demeures, et bientôt ils se mirent à les réparer. Les travaux étaient en pleine activité quand ils furent surpris par leur dernier désastre. On trouve encore aujourd'hui des indices de ces réparations, et il arrive quelquefois

NOTICE HISTORIQUE.

que l'on rencontre les outils des ouvriers à côté des matériaux rassemblés pour relever les murs.

Avant l'éruption que nous allons décrire, et qui ruina les villes d'Herculanum, de Pompéi et de Stabia, il paraît que le Vésuve avait déja vomi ses feux, mais à des époques tellement reculées qu'il ne reste pas un monument historique pour attester ces grands évènements. Cependant c'était une ancienne tradition qu'autrefois le Vésuve avait brûlé comme l'Etna. Diodore de Sicile et Vitruve s'accordent à dire que les feux souterrains de cette partie de la Campanie s'étaient autrefois amassés sous le Vésuve jusqu'à ce que leur surabondance fut lancée sur le pays environnant. Strabon (an 25 de J.-C.) décrit le sommet de cette montagne comme entièrement stérile et couvert de pierres qui paraissaient avoir souffert l'action du feu. D'ailleurs, ce qui est arrivé depuis le temps où ces écrivains faisaient leurs observations n'a que trop bien démontré que le Vésuve était un volcan.

Depuis ses premières éruptions, il faut qu'il se soit écoulé une bien longue suite de siècles, puisque Homère n'en a point parlé, quoiqu'il semble avoir connu la nature volcanique de cette contrée. Il jette sur toute la côte une sorte d'horreur religieuse, et il la représente comme la dernière limite du stérile Océan et du monde habitable. « Une obscurité impénétrable qui n'est jamais « dissipée par les rayons de l'astre du jour, ni à son lever, ni à son coucher, « étend un voile épais et éternel sur ces rivages, où les sombres et stériles « bocages de l'implacable Proserpine marquent l'entrée de l'empire des morts. »

Les circonstances qui accompagnèrent le commencement de la guerre des esclaves servent encore à démontrer que le cratère du Vésuve était à-peu-près à cette époque (73 ans avant J.-C.) ce qu'est de nos jours le volcan éteint d'*Astruni*.

Spartacus, ayant pris la résolution désespérée de combattre les Romains pour sortir d'esclavage, chercha un asile sur le Vésuve avec soixante-dix de ses compagnons. Le sommet de la montagne, entouré d'un mur naturel taillé à pic et d'un accès difficile, contenait un espace vide, fermé de tous côtés; un seul passage étroit et escarpé pouvait y conduire. Investi par le préteur Clodius, et refoulé dans cette enceinte, Spartacus se fit des échelles en tordant ensemble des branches de vignes sauvages qui croissaient sur la montagne; il franchit, par ce moyen, les précipices qui protégeaient le sommet d'un côté qu'on avait cru inaccessible, et tomba à l'improviste sur Clodius avec tant de vigueur qu'il défit ses troupes et détruisit son camp.

NOTICE HISTORIQUE.

Tel fut l'état du Vésuve jusqu'à la grande éruption, qui arriva le 23 août de l'an 79. Pline le Jeune, qui en fut témoin et presque victime, en a laissé une description pleine d'intérêt et de vérité dans deux lettres à Tacite, dont nous allons citer les passages les plus frappants :

« Mon oncle (Pline l'Ancien) était à Misène, où il commandait la flotte. Le
« 23" jour d'août, environ une heure après midi, ma mère l'avertit qu'il parais-
« sait un nuage d'une grandeur et d'une figure extraordinaire. Après avoir été
« quelque temps couché au soleil, selon sa coutume, il s'était jeté sur un lit où
« il étudiait; il se lève, et monte en un lieu d'où il pouvait aisément observer ce
« prodige. Il était difficile de discerner de loin de quelle montagne ce nuage
« sortait : l'évènement a découvert depuis que c'était du Vésuve. Sa figure ap-
« prochait de celle d'un arbre, et d'un pin plus que d'aucun autre; car, après
« s'être élevé fort haut, en forme de tronc, il étendait une espèce de branches. Je
« m'imagine qu'un vent souterrain le poussait d'abord avec impétuosité et le
« soutenait; mais, soit que l'impression diminuât peu à peu, soit que le nuage
« fût affaissé par son propre poids, on le voyait se dilater et se répandre. Il pa-
« raissait tantôt blanc, tantôt noirâtre, et tantôt de diverses couleurs, selon qu'il
« était plus chargé ou de cendre ou de terre.

« Ce prodige surprit mon oncle, qui était très-savant, et il le crut digne d'être
« examiné de plus près. Il donna l'ordre d'appareiller sa frégate légère, et me
« laissa la liberté de le suivre. Je lui répondis que j'aimais mieux étudier, et par
« hasard il m'avait lui-même donné quelque chose à écrire.

« Il sortait de chez lui, ses tablettes à la main, lorsque les troupes de la flotte
« qui était à Rétina, effrayées par la grandeur du danger (car ce bourg est pré-
« cisément au pied du Vésuve, et on ne s'en pouvait sauver que par la mer),
« vinrent le conjurer de vouloir bien les garantir d'un si affreux péril. Il ne
« changea pas de dessein, et poursuivit avec un courage héroïque ce qu'il n'avait
« d'abord entrepris que par simple curiosité. Il fait venir des galères, monte lui-
« même dessus, et part dans le dessein de voir quels secours on pouvait donner
« non-seulement à Rétina, mais à tous les autres bourgs de cette côte, qui sont
« en grand nombre à cause de sa beauté.

« Il se presse d'arriver au lieu d'où tout le monde fuit et où le péril paraissait
« plus grand; mais avec une telle liberté d'esprit, qu'à mesure qu'il apercevait
« quelque mouvement, ou quelque figure extraordinaire dans ce prodige, il
« faisait ses observations et les dictait. Déja sur ses vaisseaux volait la cendre,

NOTICE HISTORIQUE.

« plus épaisse et plus chaude à mesure qu'ils approchaient. Déjà tombaient au-
« tour d'eux des pierres calcinées et des cailloux tout noirs, tout brûlés, tout
« pulvérisés par la violence du feu. Déjà la mer semblait refluer et le rivage
« devenir inaccessible par des morceaux entiers de montagne dont il était cou-
« vert, lorsque après s'être arrêté quelques moments, incertain s'il retournerait,
« il dit à son pilote qui lui conseillait de gagner la pleine mer : *La fortune favo-*
« *rise le courage, tournons du côté de Pomponianus.*

« Pomponianus était à Stabia, en un endroit séparé par un petit golfe que
« forme insensiblement la mer sur ces rivages qui se courbent. Là, à la vue du
« péril qui était encore éloigné, mais qui semblait s'approcher toujours, il avait
« retiré tous ses meubles dans ses vaisseaux, et n'attendait pour s'éloigner qu'un
« vent moins contraire. Mon oncle, à qui ce même vent avait été très-favorable,
« l'aborde, le trouve tout tremblant, l'embrasse, le rassure, l'encourage; et,
« pour dissiper par sa sécurité la crainte de son ami, il se fait porter au bain.
« Après s'être baigné, il se met à table et soupe avec toute sa gaîté, ou (ce qui
« n'est pas moins grand) avec toutes les apparences de sa gaîté ordinaire.

« Cependant on voyait luire de plusieurs endroits du mont Vésuve de grandes
« flammes et des embrasements dont les ténèbres augmentaient l'éclat. Mon
« oncle, pour rassurer ceux qui l'accompagnaient, leur disait que ce qu'ils
« voyaient brûler, c'étaient des villages que les paysans alarmés avaient aban-
« donnés, et qui étaient demeurés sans secours. Ensuite il se coucha, et dormit
« d'un profond sommeil. Mais enfin la cour par où l'on entrait dans son appar-
« tement, commençait à se remplir si fort de cendres, que, pour peu qu'il eût
« resté plus long-temps, il ne lui aurait plus été libre de sortir. On l'éveille, il
« sort et va rejoindre Pomponianus et les autres qui avaient veillé. Ils tiennent
« conseil, et délibèrent s'ils se renfermeront dans la maison ou s'ils tiendront la
« campagne; car les maisons étaient tellement ébranlées par les fréquents trem-
« blements de terre, que l'on aurait dit qu'elles étaient arrachées de leurs
« fondements, et jetées tantôt d'un côté, tantôt de l'autre, puis remises à leurs
« places. Hors de la ville la chute des pierres était à craindre, quoiqu'elles fussent
« légères et desséchées par le feu.

« Ils sortent donc, et se couvrent la tête d'oreillers attachés avec des mou-
« choirs. Ce fut toute la précaution qu'ils prirent contre ce qui tombait d'en-
« haut. Le jour recommençait ailleurs; mais dans le lieu où ils étaient continuait
« une nuit, la plus sombre et la plus affreuse de toutes les nuits, et qui n'était

« un peu dissipée que par la lueur d'un grand nombre de flambeaux et d'autres
« lumières.

« On trouva bon de s'approcher du rivage, et d'examiner de près ce que la
« mer permettait de tenter; mais on la trouva encore fort grosse et fort agitée
« d'un vent contraire. Là mon oncle, ayant demandé de l'eau et bu deux fois,
« se coucha sur un drap qu'il fit étendre. Ensuite des flammes qui parurent plus
« grandes, et une odeur de soufre qui annonçait leur approche, mirent tout le
« monde en fuite. Il se lève appuyé sur deux valets, et dans le moment tombe
« mort. Je m'imagine qu'une fumée trop épaisse le suffoqua d'autant plus aisé-
« ment qu'il avait la poitrine faible. Lorsqu'on commença à revoir la lumière
« (ce qui n'arriva que trois jours après), on retrouva au même endroit son corps
« entier, couvert de la même robe qu'il portait quand il mourut, et dans la pos-
« ture plutôt d'un homme qui repose, que d'un homme qui est mort. Pendant
« ce temps, ma mère et moi nous étions à Misène, etc., etc. »

Ici Pline interrompt son récit qu'il reprend dans une autre lettre à la prière
de Tacite.

« Après que mon oncle fut parti, je continuai l'étude qui m'avait empêché
« de le suivre. Je pris le bain, je soupai, je me couchai, et dormis peu et d'un
« sommeil fort interrompu. Pendant plusieurs jours un tremblement de terre
« s'était fait sentir, et nous avait d'autant moins étonnés que les bourgades et
« même les villes de la Campanie y sont fort sujettes. Il redoubla pendant cette
« nuit avec tant de violence, qu'on eût dit que tout était, non pas agité, mais
« renversé. Ma mère entra brusquement dans ma chambre, et trouva que je me
« levais dans l'intention de l'éveiller, si elle eût été endormie. Nous nous asseyons
« dans la cour qui ne sépare le bâtiment d'avec la mer que par un fort petit
« espace. Je demandai Tite-Live, je me mis à le lire, et je continuai à l'extraire,
« ainsi que je l'aurais pu faire dans le plus grand calme. Il était déja sept heures
« du matin, et il ne paraissait encore qu'une lumière faible comme une espèce
« de crépuscule. Alors les bâtiments furent ébranlés avec de si fortes secousses
« qu'il n'y eut plus de sûreté à demeurer dans un lieu à la vérité découvert,
« mais fort étroit. Nous prenons le parti de quitter la ville : le peuple épouvanté
« nous suit en foule, nous presse, nous pousse, et ce qui dans la frayeur tient
« lieu de prudence, chacun ne croit rien de plus sûr que ce qu'il voit faire aux
« autres. A peine sortis de la ville, nous nous arrêtons; et là, nouveaux pro-
« diges, nouvelles frayeurs. Les voitures que nous avions emmenées avec nous

« étaient, à tout moment, si agitées, quoiqu'en pleine campagne, qu'on ne
« pouvait, même en les appuyant avec de grosses pierres, les arrêter en aucune
« place. La mer semblait se renverser sur elle-même, et être comme chassée du
« rivage par l'ébranlement de la terre. Le rivage, en effet, était devenu plus
« spacieux, et se trouvait couvert de différents poissons demeurés à sec sur le
« sable. A l'opposite, une nue noire et horrible, crevée par des feux qui s'élan-
« çaient en serpentant, s'ouvrait et laissait échapper de longues fusées semblables
« à des éclairs, mais qui étaient beaucoup plus grandes............ Presque aussitôt
« la nue tombe à terre et couvre les mers; elle dérobait à nos yeux l'île de
« Caprée qu'elle enveloppait, et nous faisait perdre de vue le promontoire de
« Misène............ La cendre commençait à tomber sur nous, quoique en petite
« quantité. Je tourne la tête, et j'aperçois derrière nous une épaisse fumée qui
« nous suivait en se répandant sur la terre comme un torrent. « Pendant que
« nous voyons encore, quittons le grand chemin, dis-je à ma mère, de peur
« qu'en le suivant, la foule de ceux qui marchent sur nos pas ne nous étouffe
« dans les ténèbres. »

« A peine nous étions-nous écartés qu'elles augmentèrent de telle sorte, qu'on
« eût cru être, non pas dans une de ces nuits noires et sans lune, mais dans
« une chambre où toutes les lumières auraient été éteintes. Vous eussiez entendu
« les plaintes des femmes, les gémissements des enfants, et les cris des hommes,
« dont l'un appelait son père, l'autre son fils, l'autre sa femme; ils ne se recon-
« naissaient qu'à la voix. Celui-là déplorait son malheur, celui-ci le sort de ses
« proches. Il s'en trouvait à qui la crainte de la mort faisait invoquer la mort
« même. Plusieurs imploraient le secours des dieux; plusieurs croyaient qu'il
« n'y en avait plus, et comptaient que cette nuit était la dernière et l'éternelle
« nuit dans laquelle le monde devait être enseveli.

« On ne manquait pas même de gens qui augmentaient la crainte raisonnable
« et juste par des terreurs imaginaires. Ils disaient qu'à Misène ceci était tombé,
« que cela brûlait, et la frayeur donnait du poids à leurs mensonges.

« Il parut une lueur qui nous annonçait, non le retour du jour, mais l'ap-
« proche du feu qui nous menaçait : il s'arrêta pourtant loin de nous. L'obscurité
« revient, et la pluie de cendres recommence plus forte et plus épaisse. Nous
« étions réduits à nous lever de temps en temps pour secouer nos habits, sans
« cela elle nous eût accablés et engloutis............. Enfin, cette épaisse et noire
« vapeur se dissipa peu à peu, et se perdit tout-à-fait comme une fumée ou

« comme un nuage. Bientôt après parut le jour et le soleil même, jaunâtre
« pourtant, et tel qu'il a coutume de luire dans une éclipse.

« Tout se montrait changé à nos yeux troublés encore, et nous ne trouvions
« rien qui ne fût caché sous des monceaux de cendres comme sous de la neige.
« On retourne à Misène, chacun s'y rétablit de son mieux, et nous y passons
« une nuit fort partagée entre l'espérance et la crainte, mais où la crainte eut
« la meilleure part; car le tremblement de terre continuait. »

D'après la description de ce terrible évènement tel qu'il se manifesta à Stabia et à Misène, villes comparativement éloignées du foyer de cette calamité; qu'on juge de la situation où durent se trouver les infortunés habitants de Pompéi et d'Herculanum qui en étaient si voisins.

Les feux souterrains du volcan, dans leur effort pour s'ouvrir un passage, firent sauter le sommet de la montagne, qui roula en lave brûlante jusqu'à la mer, ou qui fut dispersé en éclats pierreux, en poussière et en cendre si subtile que les vents la portèrent jusqu'en Égypte. La ville de Pompéi ne fut point détruite par des torrents de lave, mais elle fut ensevelie, à quinze ou vingt pieds de profondeur, sous des amas de cendres et de pierres ponces brûlantes qui tombèrent en ondées successives, comme le prouvent les différentes couches dont elle est recouverte. Si elles étaient tombées en masse, le dernier des habitants aurait péri, tandis qu'on voit, par le petit nombre des squelettes qui ont été retrouvés sous les ruines, que presque tous eurent le temps de se sauver. Cette pluie de matières volcaniques fut lancée dans un état liquide, ce qui explique pourquoi les passages voûtés dont la couverture est restée intacte, en sont aussi remplis que les cours découvertes ou les chambres dont les toits ont été consumés. Elle n'excéda nulle part la hauteur du premier étage, et cependant cet étage supérieur, dont on rencontre des vestiges dans les escaliers et quelquefois dans les peintures, a disparu presque totalement de la plupart des édifices : soit que le poids des pierres et de la cendre accumulée sur les toits et sur les terrasses ait entraîné la chute des parties supérieures, comme le dit M. Mazois, soit que tout ce qui s'élevait au-dessus du rez-de-chaussée ait été détruit par le temps ou employé à des constructions nouvelles. On a cru remarquer à différents signes, qu'après la destruction de la ville plusieurs des habitants qui avaient survécu vinrent fouiller dans leurs anciennes demeures pour en retirer leurs effets les plus précieux. Mais ces tentatives ne durent avoir que peu de succès. Les ruines de Pompéi furent enfin abandonnées

NOTICE HISTORIQUE.

et pendant plusieurs siècles il ne resta pas même un vestige qui pût faire reconnaître au voyageur la place où cette ville avait existé.

Herculanum, enseveli à soixante pieds de profondeur, disparut, comme Pompéi, pour être retrouvé de la même manière et à peu près vers le même temps. L'impression de terreur, causée par la destruction de ces deux villes, se répandit dans l'Italie entière, et fut souvent renouvelée par le retour des éruptions qui se succédèrent depuis lors à des intervalles fort rapprochés.

Celle qui arriva sous le règne de Sévère (l'an 200 de J.-C.) fut accompagnée d'un bruit si horrible qu'on l'entendait de Capoue. Une autre, encore plus violente, eut lieu sous l'empereur Léon. La fermentation intérieure du Vésuve, les convulsions qui l'ébranlèrent, des explosions continuelles pendant l'année 471 et les deux suivantes, répandirent la dévastation sur tout le pays environnant, et l'alarme dans le reste de l'Europe, dont la surface était couverte d'une poudre impalpable. Un jour, à Constantinople, cette pluie de cendres causa un tel effroi à l'empereur qu'il se hâta d'abandonner sa capitale, la croyant vouée à la destruction. Il voulut que ce jour fût désormais un jour de deuil consacré à la pénitence et à des prières publiques. Heureusement le grand saint Janvier apparut pour la première fois et apaisa la fureur du volcan. Depuis lors son intervention fut toujours réclamée et toujours efficace.

Les éruptions qui eurent lieu, à partir du sixième siècle, cessèrent d'être considérées comme de grandes convulsions de la nature; on ne les regarda plus que comme l'effet d'un pouvoir infernal : on supposa que les feux de l'enfer apparaissaient aux yeux des pêcheurs pour les épouvanter ou pour les précipiter vivants dans l'abîme qui devait être leur éternel séjour. Nous avons vu qu'Homère désignait le Vésuve comme l'entrée de l'empire des morts : ainsi, après le cours de vingt siècles, les hommes revenaient aux mêmes superstitions, aux mêmes terreurs.

Il nous reste sur l'histoire du Vésuve un document curieux, écrit en 1062 par *Pietro Damiani* de Castiglione; voici ce qu'il raconte :

« Dans le voisinage de la montagne vivait un pieux ermite. Un soir, il ren-
« contra plusieurs hommes noirs, qu'il prit pour des nègres, et qui chassaient
« devant eux quantité de mulets chargés de combustibles. Il les accosta pour
« leur exprimer la surprise que lui causait leur rencontre; et il leur demanda
« poliment qui ils étaient : « Nous sommes des diables, répondirent-ils, et le
« combustible que nous transportons doit servir à brûler le prince de Capoue,

« qui est dangereusement malade. Nous espérons que Don Juan, gouverneur
« de Naples, quoiqu'en bonne santé, ne tardera pas à tomber aussi entre nos
« mains. »

« Le saint homme, abandonnant la cure du prince comme désespérée, se
« rendit en toute hâte auprès du gouverneur, lui dit ce qu'il avait vu et
« entendu, et l'exhorta à se faire moine pour échapper aux diables qui le
« menaçaient. Don Juan, ayant appris que le prince de Capoue était mort
« dans l'intervalle, se laissa persuader; mais comme il avait reçu l'ordre de
« rejoindre l'empereur Othon pour marcher avec lui contre les Sarrasins, il se
« mit en campagne, et différa l'exécution de son pieux dessein. Qu'arriva-t-il
« de là? c'est que Don Juan mourut comme l'ermite l'avait prédit, et au mo-
« ment de sa mort le Vésuve lança des feux épouvantables qui s'emparèrent
« de son ame. »

L'éruption de 1138 qui dura quarante jours, une autre, moins considérable qui eut lieu l'année suivante, semblent avoir épuisé les forces du
Vésuve; il eut besoin de se reposer pendant près de cinq siècles.

Pighi, qui écrivait sous le pontificat de Sixte-Quint, compare le cratère
alors existant à un immense amphithéâtre dont l'arène plongeait dans les
entrailles de la terre. Il trouva le sommet environné d'un banc considérable
de pierres calcinées, et l'intérieur garni de toute sorte d'arbres, et servant de
retraite aux animaux sauvages. Une belle végétation s'offrit à ses yeux partout où le soleil pouvait pénétrer, excepté d'un côté qui était perpendiculaire
et entièrement nu. Il descendit, par un chemin tortueux, à la profondeur
d'un mille, mais la roideur de la pente et l'obscurité l'empêchèrent d'aller
plus loin. Des masses énormes de matière volcanique, et des fragments de
rochers arrêtés dans leur chute par de gros arbres qu'ils avaient déracinés,
encombraient le fond de cet abîme. Du reste, aucun indice de l'activité du
volcan, quoique près du sommet on sentît quelque chaleur en enfonçant la
main dans les crevasses.

En 1619, *Magliocco* pénétra plus avant : il trouva dans le fond une place
unie au milieu de laquelle était une masse de rochers posés, à ce qu'il semble,
sur l'ouverture de l'abîme, puisque de plusieurs fentes qui se trouvaient à sa
base s'échappait un courant d'air très-froid. Il observa aussi trois petites
mares; dans l'une, l'eau était très-chaude et d'une amertume corrosive; dans
l'autre elle était salée; il compare l'insipidité de la troisième à du bouillon

de poulet sans sel : cette dernière était à un très-haut degré de température.

On sait que le Vésuve signala le retour de ses éruptions, en 1631, par une des plus terribles qui aient éclaté; depuis lors on le voit rarement rester plus de dix années dans l'inaction.

Les observations faites avec tant de soins par *sir William Hamilton*, nous ont appris que la lave ne sort pas toujours du cratère. En 1766 elle jaillit d'un endroit qui en était éloigné de plus de cinq cents toises : tout le terrain tremblait aux environs. La matière enflammée était si brûlante à sa source qu'on ne pouvait en approcher à plus de dix pieds; elle était néanmoins dans un état de fusion si imparfait, que les pierres qu'on y jetait n'y pénétraient point et glissaient avec le courant sur sa surface, après y avoir laissé une légère empreinte.

Cette lave se précipite le plus souvent comme un torrent de verre en fusion. Après avoir parcouru l'espace d'un mille, sa marche se ralentit; alors elle présente le même aspect que les flots d'une mer qui serait surprise dans son agitation par une forte gelée. Quand elle se refroidit, ce qui est l'opération de plusieurs années, elle craque et produit une grande explosion (1).

En 1794, les fontaines et les puits se trouvèrent à sec, ce qui annonce toujours une éruption prochaine; des tourbillons de fumée sortirent du sol et furent suivis de commotions intérieures qui se firent sentir jusqu'à Bénévent, éloigné de plus de trente milles; plusieurs jets de feu s'élançant d'une déchirure dans le flanc de la montagne, marquèrent le commencement de l'explosion. Des tonnerres continuels, une obscurité profonde et les secousses de la terre mirent le comble à l'épouvante des malheureux habitants. A Naples tous les édifices tremblaient sur leur base, les portes sautaient de dessus leurs gonds, et les cloches ne cessaient de sonner. Enfin, au bout de six heures la lave ayant trouvé une issue, cette fièvre souterraine se calma.

Le torrent de feu se dirigea vers la mer, et dévastant tout ce qui se trouvait sur son passage, ensevelit sous ses flots une partie de la ville de *Torre del Greco*, qu'une population malheureuse espérait vainement défendre avec des reliques et le sang de saint Janvier. Toutefois on doit regarder comme un prodige que sur dix-huit mille habitants il n'ait point péri plus de quinze

---

(1) Trois ans après l'éruption de 1767, sir William Hamilton mit le feu à un bâton en l'enfonçant dans une des crevasses.

personnes. Il y en eut un grand nombre qui échappèrent le lendemain en marchant sur les scories qui couvraient la surface de la lave ardente.

Plus de seize cents ans s'étaient écoulés avant qu'on s'avisât de faire aucune recherche sur les trois villes ensevelies par la grande éruption de 79. A la fin du XVIIe siècle, des ouvriers creusant un puits sur l'emplacement d'Herculanum, découvrirent quelques statues et des morceaux de marbre; mais ce n'est qu'en 1736 qu'on fit de véritables recherches, et que le nom de la ville fut bien constaté. Les premières fouilles de Pompéi commencèrent en 1755, après qu'un laboureur eut rencontré, en remuant la terre, une statue de bronze. Depuis cette époque les travaux ont été suivis avec une grande activité. Mais il paraît que lors des premières excavations on jetait les décombres des nouvelles fouilles dans les endroits déja explorés, ce qui nuisait beaucoup à l'ensemble des opérations. Cependant les deux théâtres, le temple d'Isis, celui d'Esculape et le temple grec, la grande porte extérieure, la maison de campagne et quelques tombeaux étaient déja découverts, lorsque les Français occupèrent le royaume de Naples. C'est par leurs soins que furent déblayés la plus grande partie de la rue des Tombeaux, le Forum et la Basilique. Ils commencèrent aussi le dégagement de l'amphithéâtre et celui des murailles qui forment l'enceinte de la ville.

Pendant les années 1812 et 1813 on a mis à découvert une grande partie de la voie qui passe devant le temple d'Isis et doit traverser toute la ville en rencontrant plusieurs autres rues qui la croisent. Des deux côtés se trouvent des maisons, des boutiques, des bancs, des monuments funèbres très-bien conservés. C'est au milieu de cette voie, à côté des colonnes qui soutiennent le portique du grand théâtre, qu'on a trouvé le squelette d'un vieillard qui fut étouffé sans doute par la pluie de cendre au moment où il fuyait, emportant son petit trésor soigneusement enveloppé dans une étoffe de lin. Cette enveloppe est demeurée intacte: elle contenait 410 médailles, parmi lesquelles il y en avait 360 d'argent et 42 de bronze; mais les plus remarquables étaient huit impériales d'or du plus petit module, et que l'on eût dit frappées de la veille.

Le malheureux que la mort arrêta ainsi dans sa fuite s'est trouvé dans les cendres à dix pieds au-dessus du sol de la rue, ce qui prouve l'abondance et la rapidité de cette pluie de cendres qui avait déja enseveli la ville sous une couche aussi épaisse au moment où il faisait des efforts pour se sauver

NOTICE HISTORIQUE.

« Le jour même où l'on découvrit ce corps près du théâtre, on en trouva
« plusieurs autres sous un grand portique de la rue des Tombeaux. Une mère
« fuyait entraînant après elle ses deux jeunes filles et un enfant qu'elle serrait
« inutilement contre son sein, il n'y avait plus d'espoir; cherchant encore à
« respirer au milieu des tourbillons de cendre brûlante, et se pressant contre
« les murs du portique, ils tombent épuisés de fatigue et de douleur, la
« cendre les recouvre et les ensevelit tous dans le même tombeau. Leurs
« ossements étaient tout près les uns des autres et presque confondus, l'on
« croyait voir cette famille infortunée se tenir embrassée jusqu'au dernier
« soupir. Trois anneaux d'or et des boucles d'oreilles ornées de perles annon-
« çaient l'aisance de ceux qui les avaient portés. Un des anneaux est en forme
« de serpent à plusieurs contours, et sa tête se dirige dans la longueur du
« doigt. Une autre bague, qui par sa petitesse ne pouvait convenir qu'à la
« main d'une jeune fille, porte un petit grenat sur lequel est gravé un foudre.
« Les boucles d'oreilles ressemblent à de petites balances dont les perles
« suspendues à un gros fil d'or représentent les bassins..... Il n'y a pas de
« doute qu'elles ne pussent être placées avec élégance aux oreilles d'une jolie
« femme. »

Dans un petit monument qui touche à la porte d'Herculanum, en dehors de la ville, on a trouvé le squelette d'une sentinelle dont la main tenait encore une lance, et qui avait mieux aimé mourir à son poste que de le quitter. Ce fait mérite d'être ajouté à tous ceux qui caractérisent la rigueur de la discipline romaine.

Dans les fouilles de l'édifice qu'on est convenu d'appeler le Camp des soldats, on a découvert un harnais de cheval, des casques, des bottines de bronze, des armes qui ont dû appartenir à des gladiateurs, et les squelettes de trois prisonniers. Ces malheureux avaient les pieds passés dans des *ceps*, espèce de machine en bois ou en fer percé de trous; ainsi enchaînés au moment du désastre de Pompéi, ils ne purent s'enfuir, et l'on ne songea pas à les délivrer.

Mais la scène la plus déchirante dut se passer à la maison de campagne ou *Villa*, dont la magnificence atteste que les propriétaires étaient du rang le plus distingué. Cette maison est située sur le bord d'une colline qui descend

---

(1) Notice de M. le comte de Clarac sur une fouille faite à Pompéi, en 1813.

vers la mer : à l'entrée on trouvait un bain avec toutes ses dépendances. Dans l'intérieur, les principales chambres ouvraient sur des terrasses qui avaient vue sur le jardin. Un portique entourait ce jardin et se prolongeait sous les terrasses; les appartements de l'étage supérieur étaient pavés en mosaïque et peints d'une manière admirable. Une des chambres recevait le jour par une grande fenêtre vitrée, dont le verre, monté dans du plomb, était fort épais et d'une teinte extrêmement verte. Dix-neuf personnes étaient réunies dans cette charmante habitation lors de l'éruption du Vésuve. Il ne reste aucun récit de leur mort, qui n'eut pas de témoin; mais nous pouvons deviner jusqu'aux moindres circonstances qui accompagnèrent ce cruel événement. Dès que les cendres et les scories volcaniques commencèrent à tomber sur la maison, tout le monde prit l'épouvante. Les hommes voulurent fuir et furent sans doute retenus par les pleurs et les prières des femmes. Il y en eut deux qui se décidèrent à la fin, mais ils perdirent le temps à ramasser tout ce qu'ils avaient de plus précieux, et à peine furent-ils arrivés à la porte du jardin qu'ils tombèrent morts. L'un d'eux a été retrouvé tenant à la main une clef et une bourse pleine de monnaies et de médailles; l'autre était étendu à côté des vases d'argent ou de bronze qu'il avait voulu sauver. Les femmes, plus timides, entraînant avec elles tous leurs esclaves, comme si leurs secours avaient pu quelque chose contre le danger qui les menaçait, se réfugièrent dans les caves, où l'on entassa des provisions et où plusieurs amphores remplies de vin étaient rangées le long des murs. Sans doute elles avaient espéré que l'épaisseur de la voûte, et le peu d'issue qui s'offrait aux cendres et à la fumée, pourraient les garantir jusqu'à ce que le péril fût passé. Mais bientôt une chaleur étouffante se fit sentir, on ne respira plus qu'une poussière enflammée, et l'horrible certitude de la mort vint se joindre aux premiers tourments de l'agonie. Tous les malheureux qui se trouvaient ainsi enfermés se précipitèrent à-la-fois vers la porte qui ne pouvait plus s'ouvrir, et ils tombèrent les uns sur les autres mourant dans le désespoir.

Le corps d'une jeune femme qu'on a trouvé couvert de vêtements précieux que le temps n'avait pas encore entièrement décomposés, était à plusieurs pieds au-dessus de l'ancien niveau (ce fait est consigné dans l'ouvrage de sir William Hamilton); sans doute elle avait survécu la dernière. Qui ne frémit à l'idée des efforts qu'elle a dû faire pour se dérober à la pluie de cendre qui commençait à remplir le souterrain! comment s'est-elle ainsi élevée de plusieurs

NOTICE HISTORIQUE. 23

pieds? peut-être sur le corps de ses amis, de sa mère qui venait d'expirer à ses yeux; enfin elle tomba à son tour, suffoquée par une poussière brûlante, et accablée d'épuisement. Cette poussière, dont une légère couche recouvrit cette infortunée, était si subtile, que, durcie par le temps, elle a conservé l'empreinte de ses vêtements et les formes de son corps. On n'a pu conserver que le moule de son sein qui se voit au musée de Portici, et qui, en rendant témoignage de sa beauté et de sa jeunesse, ajoute encore au tendre intérêt qu'inspire son sort.

Beaucoup d'autres squelettes ont été découverts dans la rue des Tombeaux; mais rien ne les a fait remarquer. Il n'en est point des dépouilles mortelles de l'homme, comme des statues et des peintures qui sont son ouvrage; elles n'ont point de prix par elles-mêmes, et nous ne pouvons nous y intéresser que par le souvenir de ceux qui ont vécu. C'est donc seulement des édifices, des marbres, des peintures et des autres monuments que nous devons nous occuper. Ces monuments, que leur antiquité rend si précieux, ne peuvent se conserver toujours: déjà même les effets de l'air, du froid et de l'humidité les ont considérablement altérés, et l'on peut dire qu'ils périssent à mesure qu'on les découvre. Un temps viendra où on ne les trouvera plus que dans les ouvrages des artistes et des antiquaires qui les ont décrits, mais du moins ils ne périront pas tout entiers.

FRONTISPICE.

POMPEI
VUE GÉNÉRALE.

COUP D'OEIL GÉNÉRAL
SUR
LA VILLE DE POMPÉI.

Pompéi était située dans l'ancienne Campanie, au fond d'un petit golfe appelé *le Cratère*, à l'embouchure du Sarno. D'un côté de cette ville se trouvaient les marais Pompéiens, et de l'autre les Salines d'Hercule, ainsi nommées parce qu'elles étaient en face de la Roche d'Hercule, qui s'élève seule au milieu de la mer.

Le nom de Pompéi même viendrait, suivant quelques étymologistes, du mot grec ΠΟΜΠΗ (*Pompé*), faisant allusion à la pompe avec laquelle Hercule célébra ses victoires, lorsqu'il attendait sa flotte à l'embouchure du Sarno ; et, suivant d'autres, de ce mot signifiant *Conducteur*, ainsi qu'on le trouve dans Homère. D'après ces derniers, Pompéi aurait été appelée *la Colonie*, comme Naples (*Neapolis*), qui est dans le voisinage, et qui eut aussi des Grecs pour fondateurs, fut appelée *la Ville-Nouvelle*.

L'enceinte de Pompéi avait environ deux milles d'étendue ; il n'y en a pas le quart de déblayé : il reste encore, comme on le voit, de grands travaux à exéter, et sans doute aussi de précieuses découvertes à faire.

La voie principale, celle qui venait de Naples en passant par Herculanum, Rétina, Oplontis, monte depuis la plaine jusqu'à la porte de la ville par une pente assez rapide. La largeur de la chaussée ou *agger* est de douze à quatorze pieds, ce qui suffisait au passage de deux chars, comme l'attestent les traces profondes laissées par les roues sur les quartiers de lave dont elle est pavée. Il y a, de chaque côté, des trottoirs ou *margines*, qui ont de quatre à six pieds de largeur, et qui sont élevés à-peu-près d'un pied au-dessus de la chaussée. De distance en distance on trouve des bornes qui servaient à empêcher les chars de passer sur les trottoirs, et qui n'ont pas plus de seize pouces de hauteur.

Les chemins publics étaient au nombre des ouvrages les plus remarquables de la magnificence romaine : c'est avec des travaux immenses et des frais énormes qu'on les avait prolongés depuis le Capitole jusqu'aux limites du monde connu ; ils semblent, à leur solidité, avoir été construits pour survivre à l'Empire, dont on les avait appelés assez ingénieusement les artères. Mais leur construction n'attirait pas seule la sollicitude des Romains : le soin d'en surveiller les réparations ne paraissait pas indigne des grands hommes de la république ; il n'y avait que les citoyens du plus haut rang qui fussent admis à l'emploi de surintendant de ce service, et nous voyons Auguste lui-même se charger d'un district.

La voie Appienne, la plus ancienne et la plus magnifique de toutes, puisqu'on la distinguait par l'épithète de *Regina viarum ;* la voie Appienne, telle que le censeur Appius Claudius l'avait fait construire dans l'origine, allait de Rome à Capoue. Elle était composée de trois couches : la couche inférieure, qui était un amas de pierres grossières ou de silex, formait les fondements ou le *statumen;* celle du milieu (*rudera*) était en gravier; et le dessus en pierres de forme irrégulière très-bien jointes ensemble.

La voie Appienne formait, à Sinuesse, un embranchement avec celle appelée depuis Domitienne, qui conduisait à Putéoli et à Baies, pendant que d'autres ramifications s'étendaient le long de la côte à travers Herculanum jusqu'à Pompéi, où le Sarno était traversé par une route qui, se partageant aussitôt, gagnait Stabia ou Nocera.

On arrivait à Pompéi de l'autre côté du Vésuve, en traversant Nola, par la voie Popilienne, qui allait de cette dernière ville jusqu'à Reggio (1).

Ces routes, qui traversaient un pays enrichi de toutes les variétés de la nature, étaient, en outre, embellies par les merveilles de l'art. Des temples, des tombeaux, des arcs de triomphe, des maisons, des jardins, étaient jetés çà et là avec l'irrégularité la plus pittoresque. De nombreux portiques offraient de l'ombrage ou un abri, et les auberges des rafraîchissements ou du repos au voyageur, qui admirait et retrouvait partout la grandeur et la munificence de sa patrie.

On est étonné, en arrivant à la porte d'Herculanum, de ne trouver à cet édifice aucun caractère de grandeur. L'arcade principale, à moitié abattue, est large de quatorze pieds et demi, et pouvait en avoir vingt de haut; elle se répète, ainsi que deux petites portes latérales, aux deux extrémités d'un long passage. Les murs, construits en briques et en moellons, sont revêtus d'un beau stuc blanc, et couverts à l'extérieur d'inscriptions, d'annonces et d'ordonnances de police, aujourd'hui presque illisibles.

Sur la gauche, avant d'entrer dans la ville, on rencontre un piédestal qui paraît avoir été destiné à porter une statue colossale. A droite est un petit édifice ou *ædicule*, consacré à quelque divinité inconnue, dont l'image était représentée au fond d'une niche. De chaque côté de l'ædicule on avait placé de petits bancs de pierre, les uns au dedans, les autres en dehors, pour la commodité des voyageurs.

---

(1) Malgré la commodité de leurs routes, les Romains n'allaient pas très-vite en voyage. Auguste mit deux jours pour aller de Rome à Préneste, à une distance de vingt-cinq milles. Horace, dans son voyage à Brindes, met le même temps pour faire quarante-trois milles; mais il pense qu'un voyageur plus pressé pourrait faire le même trajet en un seul jour. Il y a néanmoins quelques exemples d'une vitesse extraordinaire.

Rien de plus intéressant et en même temps de plus étrange que l'aspect des monuments funèbres qui bordent la voie appelée, pour cette raison, *voie des Tombeaux*. Quelques-uns sont bien conservés ; mais la plupart sont délabrés, et n'offrent plus à l'œil que ce qu'on pourrait appeler des *ruines neuves*. Leur destruction ayant été subite et non opérée par le temps, qui oblitère les formes, use les arrêtes et noircit les pierres ou les recouvre de mousse, les parties qui subsistent sont encore vives, et ne portent l'empreinte d'aucune vétusté.

Presque tous ces tombeaux appartiennent à des citoyens qui ont été revêtus de fonctions municipales, et ceux qui les ont élevés ont eu soin d'avertir le plus souvent par des inscriptions que le lieu de leur sépulture a été donné aux frais du public. Sans doute que le terrain consacré à la sépulture générale était plus éloigné de la ville, et l'on parviendra un jour à le découvrir.

Les monuments dont nous venons de parler ne sont pas, en général, d'une grande magnificence ; mais ils sont remarquables par le genre des ornements et aussi par leur situation. Les vignes et les peupliers qui croissent librement à l'entour ne font qu'ajouter à l'intérêt qu'ils inspirent en les parant à-la-fois de leur ombre et de leur verdure. On se plaît à voir leur longue ligne interrompue de distance en distance par des habitations privées, des boutiques et des fontaines. Dans une de ces habitations, qui servait probablement d'hôtellerie, on a retrouvé le squelette d'un âne et une petite charrette à côté d'un abreuvoir.

Ce n'est pas ici le lieu de faire connaître en détail les maisons de Pompéi, de montrer le *forum* entouré des édifices publics, les statues qui le décorent, et le temple qui en occupe une des extrémités. Il nous faudrait traverser encore un quartier avant d'arriver aux théâtres et aux temples, parmi lesquels on remarque le temple grec, le plus ancien et l'un des plus beaux monuments de la ville, situé sur une espèce de plate-forme d'où l'on découvre la mer. Cette mer, qu'on rencontre aujourd'hui à une assez grande distance des murailles, les baignait autrefois et tournait l'amphithéâtre, qui se trouve à l'extrémité orientale de Pompéi, avant de recevoir les eaux du Sarno. Les maisons qui font face à l'ancien port sont toutes à plusieurs étages, avec des terrasses et des magasins auxquels on descend par de grandes rampes douces.

On retrouve dans la plupart des monuments de Pompéi l'architecture grecque avec ses graces et son élégance, mais un peu altérée par la barbarie des peuples qui ont successivement habité cette ville, et par le génie des Romains, dont l'influence a dû surtout se faire sentir.

Les édifices sont généralement d'une petite dimension, mais agréables et commodes. Presque tous sont décorés d'une manière uniforme avec des stucs et des peintures; le marbre n'a guère été employé que pour les théâtres. Le stuc, qui est plus ou moins fin, plus ou moins poli, paraît composé d'une espèce de gypse, calciné et réduit en poudre, qu'on employait comme ornement, ou qu'on appliquait sur les enduits pour leur donner du lustre. On s'en servait quelquefois en y mêlant de petits morceaux de marbre de couleur, ou simplement du tuileau pilé, pour en former des aires sur les terrasses, dans les cours et dans les appartements.

Les principales maisons étaient ornées de pavés de mosaïque, dont un grand nombre portaient des noms d'artistes grecs, entre autres celui de Dioscoride. Les peintures, qui sont presque toutes remarquables par la grace et la légèreté, ont été employées à l'embellissement de cette ville avec une si grande profusion; que, suivant l'expression de M. Mazois, on pourrait dire qu'elle est toute peinte.

Le cuivre, le plomb et le fer ont servi à-peu-près aux mêmes usages que dans nos constructions; la serrurerie est en général grossière, bien qu'il y ait des morceaux d'un travail achevé. Les charpentes étaient d'une si grande simplicité, qu'il n'est pas rare de rencontrer des pièces de bois qui ne sont pas même équarries.

Les pierres employées dans les édifices sont de plusieurs espèces: on y trouve la pierre de lave dure et grisâtre, les scories volcaniques et ferrugineuses, le tuf, le tavertin, le piperno, qui est gris et assez dur; la pierre-ponce et la pierre calcaire. Le ciment qui lie ces matériaux est loin d'avoir cette solidité qu'on admire si souvent dans les constructions antiques. Il n'y a guère que les fortifications construites, en beaucoup d'endroits, avec d'énormes blocs de pierres qui puissent subsister encore pendant des siècles, comme l'aurait pu le temple Dorique, s'il n'eût été renversé par une force étrangère. Tout le reste, construit en briques et en blocailles, est destiné à périr dans peu d'années, et il n'en restera peut-être point de vestiges pour satisfaire la curiosité de nos arrière-neveux.

Nous avons dit, dans la préface de cet ouvrage et au commencement de cet article, que les excavations se continuaient avec ardeur à Pompéi, et qu'il restait de précieuses découvertes à faire : les papiers publics viennent d'annoncer que les dernières fouilles avaient eu le résultat le plus heureux.

« On a découvert récemment à Pompéi, » dit le Journal des Débats du 10 juillet, « un grand édifice, que les antiquaires appellent Panthéon. Sa forme « est un parallélogramme; l'entrée s'ouvre sur une des faces les plus étroites « de l'édifice; dans les angles sont trois petites chambres. On a pratiqué dans « celle du milieu deux niches où sont placées les statues de Tibère et de Livie. « Sur la première on distingue encore quelques traces de la couleur rouge de « la toge. La muraille principale est ornée de peintures bien conservées, qui « représentent Romulus et Rémus allaités par la femme du berger Faustulus. « Dans la galerie qui conduit au panthéon, et dans une pièce qui servait de « vestiaire, sont des tablettes de marbre avec divers numéros. On distingue, « dans les nombreuses peintures de ce monument, des tableaux de chasse, des « monstres marins et différents animaux. Attenant l'édifice est une cour envi- « ronnée d'un portique soutenu par des colonnes élégantes dont les bases sont « en marbre blanc. Au milieu du portique s'élèvent huit piédestaux qui proba- « blement soutenaient une petite rotonde semblable à celle que l'on voit à « Pouzzole, dans le temple de Sérapis. »

Nous avons cru devoir emprunter cette description, en attendant que nous ayons recueilli sur cette découverte, et sur quelques autres qui nous ont été annoncées, des matériaux qui nous mettent à même d'en faire jouir nos souscripteurs.

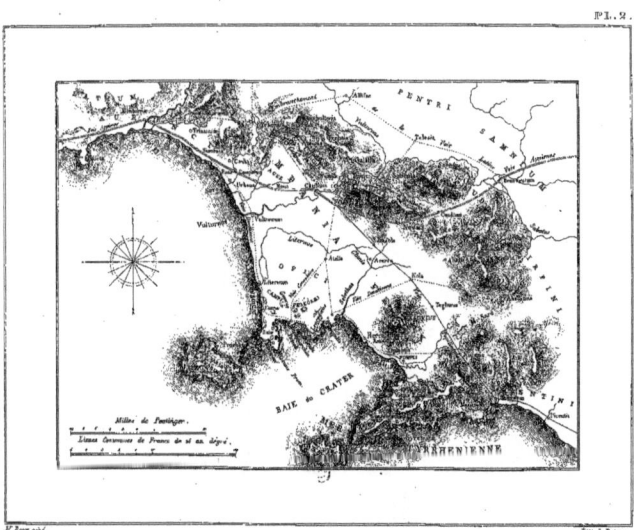

POMPEI.
TERRITOIRE DE LA CAMPANIE.

EXPLICATION DES PLANCHES

DE LA

PREMIÈRE PARTIE.

PLANCHE PREMIÈRE.

Frontispice.

L'EXPLICATION de cette planche sera donnée avec celle des vignettes, à la fin de l'ouvrage.

PLANCHE II.

Carte de la Campanie.

Cette carte est dressée d'après les plans modernes de Zannoni, considérés comme les plus corrects qui aient été faits de ce pays. Nous nous sommes aussi aidés, pour la disposition des voies et pour la connaissance des noms anciens, de la savante Dissertation de Pellegrini.

Les véritables limites de la Campanie peuvent être encore un sujet de discussion, puisque nous les voyons varier sans cesse avec les époques et au gré des historiens. Annibal, au rapport de Polybe, trouvait à cette contrée la forme d'un théâtre, dominé par des montagnes impraticables qui n'offraient que trois issues dans les champs Phlégréens, c'est-à-dire dans la plaine qui sépare Nola de Capoue. Ptolémée lui donne pour limites le Liris et le Sarno. Frontinus se contente de dire qu'elle était plus longue que large. Suivant notre carte, elle a trente-trois milles dans sa plus grande longueur, de Sinuesse au Sarno; sa largeur, depuis le mont Tifata et la chaîne qui y fait suite jusqu'à la mer, est d'environ douze milles, ce qui forme une surface de trois cent quatre-vingt-seize milles carrés, et revient à cinquante mille arpents, étendue qui lui est assignée par Cicéron, dans ses Lettres à Atticus (liv. II, lettre 16).

Nous avons déjà fait observer que l'ancienne côte d'Oplontis à Stabia semble avoir gagné sur la mer des deux côtés de Pompéi; Pline dit expressément que le territoire de Nuceria, ville en quelque sorte contiguë à cette dernière, touchait à la mer. Le Sarno est aujourd'hui éloigné de Pompéi d'environ un tiers de mille. Il sort d'une fontaine, dans le joli petit village du même nom; et ses eaux, claires et rapides, traversent la plaine voisine avant de se jeter dans la mer, non loin de la pierre d'Hercule (1). Cette plaine est le *dulcis Pompeia palus vicina Salinis Herculeis* de Columelle.

L'endroit où commence le territoire de Pompéi est désigné par une longue ligne claire, formée par les cendres qu'on enlève à la suite des excavations, et qui sont maintenant portées hors de la ville, tandis qu'autrefois on les jetait, sans aucun soin, sur les parties précédemment explorées, et qu'on ensevelissait de nouveau les monuments déjà découverts. Sur le penchant de la montagne, au-delà de Torre-dell'-Annunziata, on remarque l'éminence de Camaldoli, qui est un amas considérable de pierres ponces. De ce lieu jusqu'au sommet, on rencontre quatre petits cratères formés par l'éruption de 1760. Au-dessous de la bouche principale du Vésuve, on est étonné d'apercevoir les petits villages de Bosco-Reale et de Bosco-tre-Case, et l'on cherche vainement à s'expliquer l'imprévoyance de l'homme, qui va établir sa demeure jusque sur le théâtre de si grands désastres, sans songer qu'ils peuvent d'un jour à l'autre se renouveler.

Les Tables de Peutinger établissent les distances suivantes entre plusieurs villes de la Campanie : de Capoue à Atella huit milles, et autant de Capoue à Naples; d'Atella ou de Capoue à Suessola huit, à Nola huit, à Teglanus cinq, à Nuceria huit, à Salernum huit; de Naples à Herclanium six, à Oplontis six, à Pompéi trois, de Nuceria à Pompéi ou à Stabia douze, peut-être sept.

Comme la date présumée de ces Tables remonte au règne de Théodose, c'est-à-dire à la fin du quatrième siècle, on peut supposer que l'inexactitude qu'on remarque dans les dernières distances provient de l'ignorance où l'on était alors sur la véritable situation de Pompéi et des autres villes détruites en même temps qu'elle.

Herculanum était située sur un promontoire dont il ne reste plus de vestiges; le port de Retina en était voisin. On a cru souvent que Paleopolis et Neapolis

---

(1) La pierre d'Hercule (*Herculis petra*) consiste aujourd'hui en deux ou trois pointes de rochers et un château abandonné.

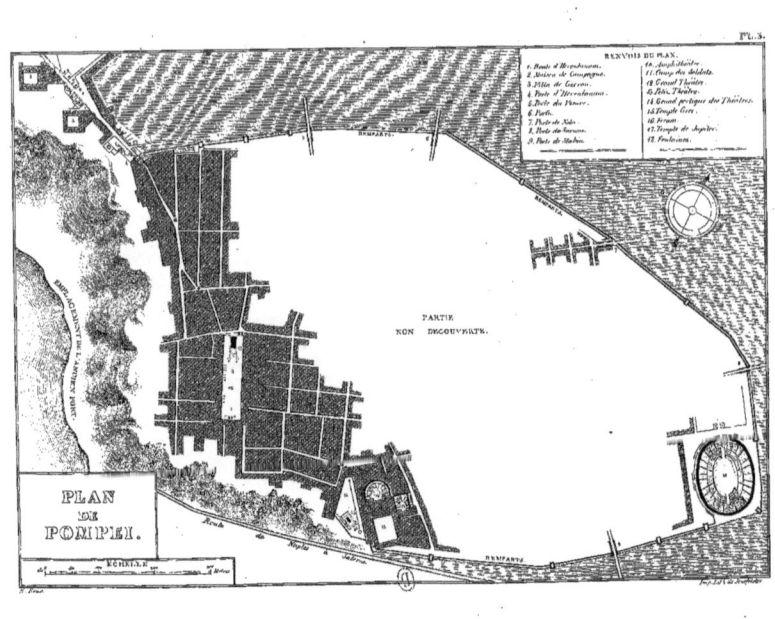

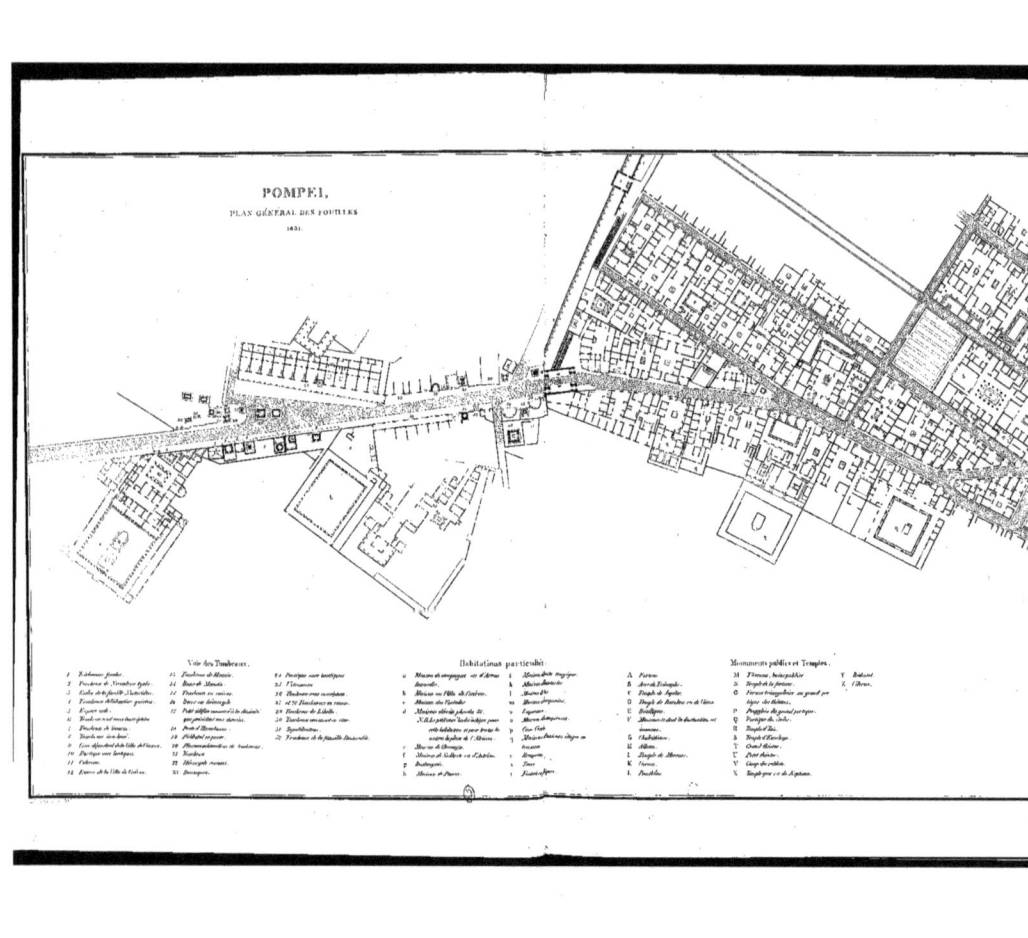

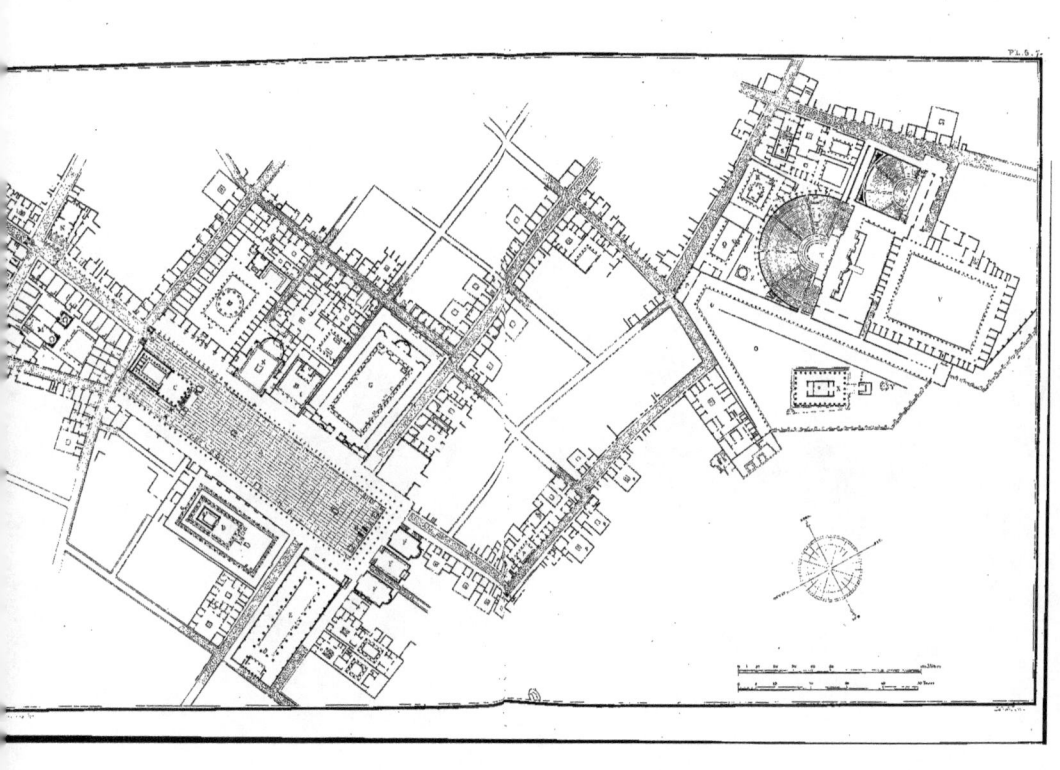

ne faisaient qu'une seule ville, quoiqu'elles fussent certainement différentes. Paleopolis devait être sur la hauteur de Saint-Elme, et Neapolis au-dessous, sur le mont *Échia*, maintenant *Pezzo-Falcone*; cette dernière s'étendit peu-à-peu le long du rivage, et finit par occuper, sous les empereurs, à-peu-près le même terrain qu'aujourd'hui.

La petite île de Mégaris, située en face de Neapolis, a été presque entièrement engloutie à la suite des tremblements de terre; on n'en voit plus que quelques débris.

PLANCHE III.

Plan de Pompéi.

Ce plan présente l'ensemble des découvertes faites jusqu'à ce jour par masses de bâtiments ou îlots de maisons. Il a été dressé pour donner une idée de la disposition des rues, de l'étendue des fouilles exécutées, et de ce qui reste à découvrir.

Les murailles de la ville, depuis la porte d'Herculanum jusqu'à la plateforme où est situé le temple grec, ont environ douze cents toises de développement. La surface entière de la ville était de cent soixante-quatorze mille six cents toises carrées, ce qui fait près de cent quatre-vingt-quatorze arpents. La partie explorée, sans y comprendre la rue des Tombeaux, présente une surface de trente-cinq mille huit cents toises, à-peu-près le cinquième de la ville.

L'explication de cette planche ne peut se donner ici d'une manière détaillée; on la trouvera dans la description de toutes les parties que nous allons examiner successivement.

PLANCHES IV, V, VI et VII.

Plan général.

Le plan général des découvertes faites jusqu'à ce jour, sur une échelle d'un millimètre pour mètre, ne paraîtra que vers le milieu de la publication. Les chiffres ou lettres de renvoi que l'on trouvera dans le courant du texte y seront portés avec exactitude. Nous y joindrons un Appendice explicatif.

Pour faciliter les recherches, nous donnerons l'explication particulière de chacune des parties du plan général relative à l'objet dont on s'occupera.

DES TOMBEAUX.

Le sentiment religieux qu'inspire la cendre des morts se retrouve dans tous les temps et chez tous les peuples. Si les anciens nous ont laissé une multitude de monuments funèbres, bâtis à grands frais et décorés avec tout le luxe des arts, on en voit aux portes de nos villes qui sont égaux en magnificence et qui promettent de l'être en durée; et l'on sait que les sauvages eux-mêmes ne cèdent qu'avec désespoir les champs où ils ont enseveli les ossements de leurs pères :

> Voyez comme assemblant ces restes adorés,
> Le sauvage avec joie en remplit sa cabane,
> Et change en lieu sacré sa retraite profane !
> L'amour de son pays, c'est l'amour des aïeux.
> Allez lui commander d'abandonner ces lieux :
> « Dis donc, vous répond-il, dis aux os de nos pères :
> « Levez-vous et marchez aux terres étrangères ! »
>
> (Delille, *l'Imagination*.)

Mais la vénération des Grecs et des Romains pour les tombeaux approchait d'un véritable culte. Souvent à côté de la pierre sépulcrale s'élevait un temple ou un autel : là on venait invoquer les mânes, on brûlait des parfums, on déposait des fleurs, des fruits, et toute sorte d'offrandes. Le vestibule des maisons, dans lequel étaient rangées les statues ou les images des ancêtres, était un lieu consacré à leur mémoire, et confié à leur garde tutélaire. La tombe d'un héros, placée dans l'enceinte ou dans le voisinage d'une ville, était révérée par tous les habitants comme l'asile d'un demi-dieu :

> Des sépulcres muets perçant la noire enceinte,
> Et d'un ami, d'un père évoquant l'ombre sainte,
> Ce peuple, enveloppé de sombres vêtements,
> Trois fois se promenait autour des monuments,
> Y brûlait de Saba les parfums salutaires,
> Et couronnait enfin ces lugubres mystères
> Par des libations d'un vin délicieux
> Sur l'urne où reposaient les restes précieux.

> Ce respect pour les morts, fruit d'une erreur grossière,
> Touchait peu, je le sais, une froide poussière
> Qui tôt ou tard s'envole éparse au gré des vents,
> Et qui n'a plus enfin de nom chez les vivants;
> Mais ces tristes honneurs, ces funèbres hommages
> Ramenaient les regards sur de chères images;
> Le cœur près des tombeaux tressaillait ranimé,
> Et l'on aimait encor ce qu'on avait aimé.
>
> (ROUCHER, *les Mois*.)

Quelquefois, comme nous l'avons déja dit, les personnages illustres étaient enterrés dans l'enceinte des murs, et leurs monuments décoraient le *forum* ou d'autres places publiques; mais ce privilège devient très-rare ou n'est plus accordé à mesure que les cités croissent en puissance. Partout où la société se forme, on bâtit les tombeaux près de la demeure des vivants, parce que l'on craint d'exposer les restes de ceux que l'on a chéris à la profanation d'un ennemi toujours menaçant, toujours implacable. C'est ainsi que nous voyons Lycurgue ordonner d'enterrer les morts au sein de la ville, et les Thébains prescrire de réserver dans toutes les maisons que l'on construira une place convenable pour la sépulture de la famille. Cette coutume fut en vigueur chez les premiers Romains jusqu'à la loi des Douze Tables, qui défendit d'enterrer ou de brûler aucun cadavre dans la ville. La loi des décemvirs était basée sur deux motifs : le premier, d'éviter toute souillure; le second, d'éloigner un foyer d'exhalaisons putrides. Nous-mêmes n'avons-nous pas eu pendant long-temps des espèces de cimetières dans toutes les chapelles, dans toutes les églises de nos villes? et n'a-t-il pas fallu les plus grands efforts, les plus vives remontrances de la part de quelques amis de l'humanité, pour faire corriger un abus aussi funeste?

C'était principalement au bord des chemins publics que les anciens aimaient à placer les monuments funèbres [1], sans doute pour réveiller dans l'esprit du voyageur l'idée si morale et si fugitive de la fragilité de la vie. On les entourait de tout le respect, de tous les honneurs propres à les sanctifier aux yeux des vivants; les lois les plus sévères étaient établies contre ceux qui les

---

[1] Properce a exprimé un vœu contraire pour lui-même en disant :
Non juvat in mediá nomen habere viá.

auraient profanés, crime que la déesse Némésis poursuivait même au-delà du tombeau.

On a tâché plusieurs fois de régler, par des lois somptuaires, la longueur des épitaphes et les frais des monuments; mais ces lois ont toujours été enfreintes par la vanité des riches. L'un d'eux disait : « qu'il ne pensait pas « que nos demeures temporaires fussent dignes de tous nos soins, et qu'il « fallût négliger celles que nous devons habiter pour toujours. »

Le même, Trimalcion (voyez dans Pétrone), voulait qu'on représentât son chien au pied de sa statue, et que le monument fût orné de guirlandes et d'un tableau représentant les combats qui auraient lieu pour célébrer ses funérailles, sûr que, par ce moyen, il rendrait sa mémoire éternelle. Il ordonne que l'enclos destiné à sa sépulture ait cent pieds de largeur sur une profondeur de deux cents, et qu'on y plante des arbres de toute espèce pour ombrager sa dépouille mortelle. Il pourvoit à ce qu'on ne commette aucune dégradation, aucune souillure dans le lieu où reposeront ses restes, en préposant un de ses affranchis à la garde de ce lieu. On sculptera sur son tombeau un vaisseau voguant à pleines voiles, dans lequel il sera représenté assis, revêtu de sa robe magistrale, et répandant des largesses sur la multitude. Il veut aussi qu'on représente un triclinium funèbre, dans lequel tout le peuple partagera un grand festin. A sa droite sera placée la statue de sa femme, tenant une colombe et conduisant un chien; il y aura deux amphores, dont l'une sera brisée, et près de laquelle on verra un enfant versant des pleurs sur cet accident. Le tout doit être surmonté d'un cadran solaire, afin que l'œil du voyageur soit attiré, bon gré mal gré, sur l'inscription rappelant le nom de Trimalcion, ses richesses, sa prospérité, sa *modestie*, avec tout ce qu'il plaira à ses héritiers d'y mettre à sa louange.

Je défie que le propriétaire le plus jaloux d'embellir sa demeure en surveille la construction et les détails avec plus de soin que Trimalcion n'en a mis à faire le plan de son tombeau.

Les tombeaux des anciens étaient ornés communément d'ouvrages précieux en marbre ou en stuc; on y ajoutait des bas-reliefs, quelquefois peints, faisant allusion aux événements de la vie du défunt, ou bien représentant des sujets allégoriques. On en trouve beaucoup de ce genre à Pompéi; le tombeau de Scaurus est surtout fort remarquable. Les peintres modernes concevraient sans doute une bien mince opinion de ceux qui auraient recours à un pareil expédient pour faire ressortir leurs tableaux, et le secours de la peinture ne nous semblerait pas devoir être d'un grand prix pour la sculpture; cependant Pausanias nous apprend que Parrhasius a peint l'ouvrage de Mys sur le bouclier de la Minerve en bronze de l'acropolis d'Athènes; et, suivant Pline, le frère de Phidias fut employé à un ouvrage de ce genre à Élis.

Souvent on plaçait dans le tombeau ou à l'extérieur les statues de quelques parents, de quelques amis; ainsi le buste du poète Ennius occupait une place dans le tombeau des Scipions. Chez les Romains, le trésor public faisait enclore des cimetières pour les pauvres et pour les esclaves, quand la munificence des particuliers n'avait pas légué des terres pour cette destination :

Hoc miseræ plebi stabat commune sepulchrum.

(HORACE, Sat. liv. I.)

C'était dans le lieu consacré à la sépulture générale qu'on jetait les cadavres des criminels. Cicéron rapporte que les dépenses des cérémonies funèbres étaient, dans plusieurs cas, acquittées aux frais du public.

Pompéi nous offre un de ces édifices consacrés au festin des funérailles où se réunissaient, à certaines époques, les parents et les amis du mort. On faisait venir des mimes qui imitaient ses gestes et ses manières; on prodiguait des éloges à son mérite, et des regrets à sa perte. Tous les convives étaient vêtus de blanc; le tombeau était jonché de fleurs et surtout de roses; on faisait des libations nombreuses, mais on buvait peu de vin, et le repas était ordinairement frugal. Une loi de Numa défendait d'y servir le poisson sans écailles, afin que la dépense n'en devint pas trop considérable. La gaieté en était bannie, comme indécente dans une cérémonie qui avait pour but d'être agréable à la mémoire du mort, et de lui rendre propices les divinités infernales.

A Rome, dans les occasions solennelles, les bustes des grands hommes étaient exposés aux regards du peuple, et traînés sur des chars que précédaient les insignes des emplois qu'ils avaient remplis. On les conduisait en pompe jusqu'à la place publique, et là on les plaçait sur la chaise curule qu'ils avaient occupée de leur vivant. L'orateur chargé de célébrer leurs vertus, ranimait pour eux la reconnaissance publique, et enflammait leurs descendants du désir d'une aussi noble récompense.

On sent ce qui a empêché de pareilles coutumes de se naturaliser chez les peuples modernes; mais ceux qui les ont trouvées ridicules n'en avaient pas calculé toute la puissance.

Nous nous sommes un peu étendus sur les cérémonies funèbres et sur les tombeaux des anciens en général, au lieu de nous renfermer dans l'examen de ceux qui ont été découverts à Pompéi; mais nous avons pensé que cette notice ne serait pas sans intérêt, et d'ailleurs la description détaillée des tombeaux les plus remarquables de Pompéi fera connaître ce qu'ils avaient de particulier. Par exemple, sans être fort riches, ils étaient généralement d'un bon goût; presque tous ont une chambre intérieure où l'on trouve des urnes cinéraires, des lampes et d'autres objets; plusieurs sont décorés de peintures; tous ceux dont le cippe est élevé sur des gradins ont dû être surmontés d'une statue, etc., etc. Quand les autres voies auront été explorées, on y découvrira sans doute encore des tombeaux, et peut-être y en aura-t-il quelques-uns dont l'architecture ou les ornements soient d'un genre tout-à-fait différent de ceux qui ont été déblayés jusqu'à ce jour.

PREMIÈRE PARTIE.

DESCRIPTION

DE

LA PARTIE DU PLAN GÉNÉRAL
CONCERNANT LA VOIE DES TOMBEAUX.

1. *Le Triclinium funèbre.*
Cet édifice n'était point, à ce qu'il paraît, la propriété d'un particulier; aucune inscription n'indique celui qui l'a fait construire. Les murs sont enduits de stuc et peints en compartiments (Voyez planche IX). La porte, surmontée d'un fronton d'assez mauvais goût, n'avait guère plus de quatre pieds de haut. Autour de trois côtés d'un piédestal qui supportait la table, régnait un siége ou lit en maçonnerie, dont la surface était inclinée, et où l'on avait coutume d'étendre les tapis sur lesquels se couchaient les convives. En face du piédestal s'élève un petit autel qui servait probablement aux libations.

2. *Tombeau de Nœvoleia Tyche* (Voyez pl. X).

3. *Enclos de la famille Nistacidia.*
Il renferme trois cippes ou columellæ pareils à ceux qu'on a représentés dans la vignette de la page 38. Sur deux de ces cippes on lit les inscriptions suivantes :

        NISTACIDIUS   NISTACIDIÆ
        HELENUS. PAG.   SCAIPDI.

DESCRIPTION

Sur le devant du mur d'enceinte est une troisième inscription qui nous apprend que cet enclos, destiné à la famille Nistacidia, avait quinze pieds carrés :

NISTACIDIO HELENO
PAG. PAGI. AUG.
NISTACIDIO. JANUARIO
MESONIÆ. SATULLÆ. IN. AGRO
PEDES. XV. IN. FRONTE. PEDES. XV.

M. Mazois, en comparant les mesures indiquées par l'inscription, en a déduit la valeur du pied romain en usage à Pompéi, et l'a fixé à dix pouces dix lignes quatre quinzièmes; ce qui se rapporte avec la mesure du pied antique donnée par Barthélemy, Danville, etc.

4. *Tombeau de Calventius Quietus.*

Il est placé au milieu d'un enclos sans issue, d'environ dix-sept pieds carrés. Le mur du fond est décoré d'un fronton, sur lequel sont représentées deux figures ailées supportant une petite table de marbre sans inscription. Les murs latéraux sont décorés de petits acrotères sur lesquels on a sculpté divers sujets (Voyez pl. XIII, XIV, XV).

5. *Espace vide séparé de la rue par un mur à hauteur d'appui.*

On n'y a trouvé qu'une petite pierre tumulaire.

6. *Tombeau rond sans inscription.*

Il est élevé sur une espèce de plate-forme, à laquelle on monte par quatre gradins. Les murs, revêtus de stuc, sont peints avec goût et couronnés d'un dôme dont la voûte, d'une forme assez bizarre, est décorée d'une tête de Méduse. L'intérieur, qui est circulaire, a environ six pieds de diamètre. On y a trouvé plusieurs urnes cinéraires (Voyez pl. XVI).

7. *Tombeau de Scaurus.*

Ce monument, l'un des plus curieux qu'on ait découverts à Pompéi, est surtout remarquable par les bas-reliefs qui décorent sa surface extérieure. L'inscription qui a servi à le faire reconnaître a été trouvée tout auprès, et s'y

DE LA VOIE DES TOMBEAUX. 43

26. *Tombeau sans inscription* (Voir pl. XXIII).
27 et 28. *Tombeaux en ruines.*
29. *Tombeau de Libella.*

Il était construit en travertin, haut de 15 pieds, d'une forme simple et élégante.

L'inscription suivante, répétée sur deux côtés opposés, nous apprend que ce monument fut érigé par Alleia Decimilla, prêtresse publique de Cérès, à son mari Lucius Libella, duumvir et préfet quinquennal, et à son fils M. Alleius Libella, décurion à dix-sept ans, sur un terrain voté par le public pour cet usage :

M. ALLEIO. LUCIO-LIBELLÆ PATRI. ÆDILI.
II VIR. PRÆFECTO QUINQ. ET M. ALLEIO LIBELLÆ. F.
DECURIONI-VIXIT ANNIS XVII. LOCUS. MONUMENTI
PUBLICE DATUS EST. ALLEIA. M. F. DECIMILLA-SACERDOS
PUBLICA CERERIS, FACIUNDUM CURAVIT VIRO ET FILIO.

30. *Tombeau construit en moellons recouverts de stuc.*

Il est tout-à-fait ruiné.

Ce tombeau fut érigé par Menomachus à Lucius Ceius, fils de Lucius, et à Lucius Labéon, deux fois duumvir quinquennal pour l'administration de la justice.

L. CEIO. L. F. MEN. L. LABEONI.
ITER. D. V. J. D. QUINQ.
MENOMACHUS. L.

On voit, sur l'un des côtés, les jambes d'un guerrier, et un bouclier à peu près de grandeur naturelle; mais le tout est presque effacé.

31. *Petit enclos ou sepulchretum.*
32. *Tombeaux de la famille d'Arrius Diomèdes.*

Sur le devant sont représentés deux faisceaux. Au-dessus, dans un panneau, se trouve une inscription qui rappelle que ce monument était consacré à la mémoire d'Arrius Diomèdes et de sa famille :

M. ARRIUS DIOMEDES
SIBI SUIS. MEMORIÆ
MAGISTER PAG. AUG. FELICI-SUBURB.

Deux pierres tumulaires sont consacrées au souvenir des enfants de Diomèdes. Les inscriptions qu'elles portent nous apprennent qu'Arria est morte à l'âge de huit ans, et que son frère était le premier-né :

ARRIÆ M. F.   M. ARRIO
VIII.   PRIMOGENI.

PLANCHE VIII.

Vue de la rue des Tombeaux.

Les monuments que présente cette planche ont été découverts sous Murat. Quelques-uns, dans l'origine, supportaient probablement des statues; mais on les aura sans doute enlevées peu de temps après la destruction de la ville : car elles devaient dépasser en partie la surface du sol nouvellement formé par l'amas des cendres et des matières volcaniques.

La porte à droite, surmontée d'un fronton, est l'entrée du *Triclinium funèbre*. On voit ensuite le tombeau de Nævoleia Tyche. Entre ce dernier et celui de C. Quietus se trouve un petit enclos sans entrée. Le tombeau rond qui suit n'a pas d'inscription (Voyez son plan et sa coupe, pl. XVI). Enfin, le dernier monument de ce côté est le tombeau de Scaurus (Voy. pl. XIX).

A gauche, on aperçoit d'abord le tombeau d'*Arrius Diomèdes* qui domine les pierres sépulcrales de ses enfants. Le second, dont la partie supérieure est entièrement ruinée, appartient à Lucius Labéon; le dernier est le cippe d'Alleia Decimilla.

Deux statues en pierre, appuyées contre le mur du Triclinium et celui de l'enclos de Nævoleia Tyche, ont été trouvées dans les fouilles : elles ne sont qu'ébauchées.

PLANCHE IX.

Vue de l'intérieur du Triclinium *funèbre.*

Les peintures qui décoraient les murs sont aujourd'hui presque entièrement effacées.

Le cippe qu'on voit à gauche, est celui du tombeau de Nævoleia Tyche. Mais le triclinium ne paraît dépendre d'aucun des tombeaux environnants; il est probable qu'il était commun et servait, dans certains cas, à toutes les familles qui avaient des sépultures dans ce quartier.

N. B. Nous avons parlé à l'article *Tombeaux*, des principales cérémonies usitées dans les repas funèbres.

VUE DE LA RUE DES TOMBEAUX.

VUE DU TRICLINIUM FUNÈBRE.

TOMBEAU DE NAEVOLEIA TYCHE.

VUE INTÉRIEURE DU TOMBEAU DE NŒVOLEIA.

PL. 12.

TOMBEAU DE NÆVOLEIA TYCHE.
Élévation et détails

PLANCHE X.

Tombeau de Nævoleia Tyche.

Cette vue est prise de l'intérieur de l'enclos. A travers la porte d'entrée, on aperçoit le soubassement du piédestal d'Alleia Decimilla; dans le coin, à gauche, est une pierre tumulaire portant l'inscription suivante :

C. MUNATUS
HIMETUS VIX.
ANNIS LVII.

C. Munatus Himetus a vécu cinquante-sept ans.

PLANCHE XI.

1. *Vue de l'intérieur du même Tombeau.*

Parmi les urnes cinéraires qui garnissent les niches de ce tombeau, on en a trouvé trois en verre, renfermées chacune dans une capsule de plomb (*voir* pl. 12, n° 5); elles contenaient une liqueur qui, à l'analyse, a paru un mélange d'eau, de vin et d'huile. Toutes les autres étaient en terre commune.

2 et 3. Bas-reliefs qui ornent la face des acrotères du tombeau rond, marqué 6 sur le plan général. *Voy.* pl. 16, 17, et 18.

PLANCHE XII.

Détails du même Tombeau.

1. Élévation de la face latérale du côté du Triclinium.

Le bas-relief représente une barque dont tous les détails sont parfaitement exprimés. La proue est ornée d'une tête de Minerve; un homme, assis à la poupe, tient le gouvernail, et des enfants carguent la voile. Quelques personnes ont cru trouver, dans cette barque, un emblème de la fortune du personnage auquel ce monument était consacré ; d'autres ont pensé qu'elle avait rapport à sa profession. Cette dernière interprétation nous paraît la plus naturelle et la plus probable.

2. Bas-relief au-dessous de l'inscription placée sur la face principale. Il représente la consécration du monument. On voit, d'un côté, les magistrats municipaux ; de l'autre, la famille de Nævoleia, et, au milieu, un autel sur lequel un jeune homme dépose une offrande.

3. Tête de femme (sans doute le portrait de Tyche), placée au-dessus d'une inscription renfermée dans un encadrement richement sculpté.

Voici le sens de cette inscription :

« Nævoleia Tyche affranchie (de Julia), à elle-même et à Caïus Munatius
« Faustus, Augustal et Paganus, auquel les décurions, avec le consentement
« du peuple, ont décerné le *bisellium* pour ses services. Nævoleia Tyche a fait
« élever ce monument de son vivant pour ses affranchis et affranchies et pour
« ceux de Munatius Faustus. »

NÆVOLEIA I. LIB. TYCHE. SIBI ET
C. MUNATIO. FAUSTO. AUG. ET PAGANO
CUI. DECURIONES CONSENSU POPULI
BISELLIUM. OB MERITA EJUS DECREVERUNT.
HOC MONUMENTUM. NÆVOLEIA TYCHE LIBERTIS SUIS
LIBERTABUSQUE ET C. MUNATI. FAUSTI. VIVA. FECIT.

4. Bisellium représenté sur la face opposée à celle où se trouve la barque. Le bisellium était un siège assez grand pour contenir deux personnes, mais qui ne servait qu'à une seule. Ceux à qui l'on avait décerné cet honneur jouissaient du droit de figurer, sur leur siége à deux places, aux spectacles, au forum et dans les lieux publics. On les appelait *Bisellarii*.

Nous aurons occasion, en traitant des théâtres, de faire remarquer les places d'honneur réservées aux personnages revêtus de cette dignité.

Le cippe, que nous venons de décrire dans tous ses détails, est en marbre ; il est élevé sur deux gradins.

5. Urne en verre, renfermée dans une autre en plomb, trouvée dans une des niches du tombeau de Nævoleia Tyche.

PLANCHE XIII.

Vue du tombeau de Calventius Quietus.

Cette vue est prise de l'intérieur de l'enceinte du tombeau rond. On découvre dans le fond, à droite, le tombeau d'Arrius Diomèdes, puis celui de Lucius

VUE DU TOMBEAU DE CALVENTIUS QUIETUS.

TOMBEAU DE C. QUIETUS.
ELEVATION ET COUPE.

TOMBEAU DE CALVENTIUS QUIETUS.

DÉTAILS.

DE LA VOIE DES TOMBEAUX.

Labéon, en partie caché par le piédestal d'Alleia Decimilla. L'ustrinum, dont il n'existe que les deux premières assises, est sur le devant.

PLANCHE XIV.

Coupe et détails sur le même tombeau.

1. Le cippe est en marbre blanc. Le soubassement et les murs d'enceinte sont en maçonnerie recouverte de stuc.

La face représentée dans cette planche, est tournée du côté de la voie. Au milieu d'un riche encadrement, on trouve l'inscription suivante en beaux caractères :

>C. CALVENTIO QUIETO
>AUGUSTALI
>HUIC OB MUNIFICENT. DECURIONUM
>DECRETO ET POPULI CONSENSU BISELLII
>HONOR DATUS EST.

« A Calventius Quietus, Augustal, les décurions ont décerné, avec le consen-
« tement du peuple, les honneurs du bisellium à cause de sa munificence. »

Le bisellium placé au-dessous de cette inscription, est d'une forme plus élégante que celui de Munatius.

2. Coupe prise sur une ligne perpendiculaire à la voie des tombeaux.

PLANCHE XV.

Détails du même tombeau.

1. Coussinet portant à ses extrémités des têtes de béliers que l'on voit à la planche précédente.

2. Couronne de chêne liée avec des bandelettes et qui décore chacune des faces latérales.

3. Un des acrotères qui surmontent le mur d'enceinte.

4 et 5. Sujets sculptés sur les autres acrotères. Le premier représente OEdipe au moment où il devine l'énigme fatale qui a déja coûté la vie à plusieurs

Thébains ; leurs corps sont étendus au pied du rocher, sur lequel on voit le Sphinx tout prêt à se précipiter.

Dans l'autre, on a cru reconnaître Thésée.

PLANCHE XVI.

Plan et coupe du tombeau de Scaurus, et du tombeau rond à côté.

A. Plan du tombeau de Scaurus.

La coupe au-dessus fait voir la construction du pilier qui supportait le cippe. Ce pilier était percé de quatre petites arcades fermées par des vitres en verre. Tout le monument était construit en maçonnerie : une plaque de marbre portait l'inscription que nous avons donnée ailleurs.

Toutes les urnes ont été enlevées de ce tombeau ; on a seulement trouvé, dans les niches où elles devaient être placées, des fragments d'os brûlé et une petite lampe de terre cuite. Il y a plusieurs preuves d'une pareille spoliation dans quelques tombeaux et quelques maisons de Pompéi.

B. Plan du tombeau rond.

Aucune inscription n'a pu faire connaître la famille à laquelle il servait de sépulture.

La coupe présente une singularité remarquable dans la forme de la voûte Sur la saillie de la corniche, on posait des urnes cinéraires et des lampes sépulcrales. Les murs étaient ornés de peintures gracieuses, quoique simples ; et la voûte, de petites fleurs rouges et jaunes.

Les acrotères du mur d'enceinte étaient décorés de bas-reliefs (V. pl. XXX).

PLANCHE XVII.

Cette planche présente la vue des mêmes tombeaux, mais de manière à donner plus de développement à celle du tombeau rond.

Le monument sur le premier plan, est un tombeau inconnu dont les détails sont donnés pl. XXIII.

Au-dessus s'élève le cippe de Calventius Quietus.

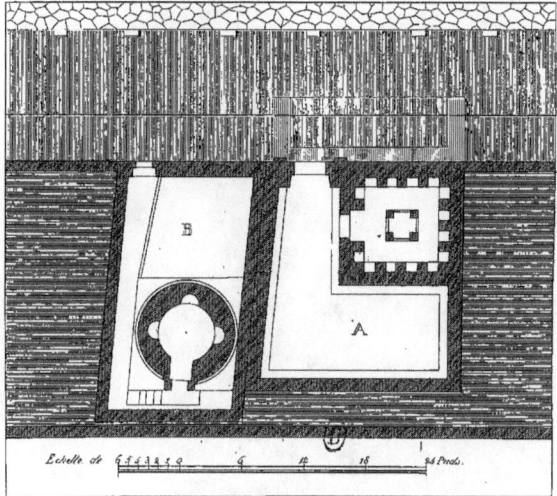

A. TOMBEAU DE SCAURUS.
B. TOMBEAU SANS INSCRIPTION.

VUE D'UNE PARTIE DE LA RUE DES TOMBEAUX

VUE DU TOMBEAU ROND ET DU TOMBEAU DE SCAURUS.

TOMBEAU DE SCAURUS.

TOMBEAU DE SCAURUS

DE LA VOIE DES TOMBEAUX.

ajuste si parfaitement qu'il est impossible de douter de l'authenticité de cette restauration (Voir pl. XVII, XVIII, XIX).

* RICIO. A. F. MEN.

SCAURO

II VIR. I. D.

* ECURIONES. LOCUM. MONUM.

∞ ∞ IN. FUNERE. ET. STATUAM. EQUESTR.

* ORO. PONENDAM. CENSUERUNT

SCAURUS PATER FILIO.

« Scaurus père a élevé ce monument à son fils Aricius Scaurus, de la tribu Menenia, duumvir, chargé de rendre la justice, sur le terrain voté par les décurions, lesquels ont décrété en même temps qu'il lui sera érigé une statue équestre dans le Forum, et que 2,000 sesterces seront payés par le trésor public pour la célébration de ses funérailles. »

8. *Tombeau inconnu qui n'a point été achevé.*

A côté est une petite pierre tumulaire.

9. *Cour dépendant de la maison appelée communément Villa de Cicéron.*

Elle n'offre rien d'intéressant que des bassins en maçonnerie. Elle communiquait avec le portique et avec l'intérieur de l'habitation qui se trouve dans l'un des angles.

10. *Portique avec diverses boutiques.*

11. *Citerne.*

12. *Entrée de la Villa de Cicéron.*

N. B. Cette habitation, de laquelle dépendaient sans doute les boutiques et la citerne ci-dessus désignées, a été déblayée en 1764, et recouverte plus tard par suite du peu d'ordre que l'on apportait dans les fouilles. Le plan se trouve indiqué au plan général, avec l'explication des différentes parties qui le composent.

13. *Tombeau de Mamia.*

Ce tombeau était placé sur une terrasse élevée, à laquelle on parvenait par un petit escalier, et qui était entourée d'un mur à hauteur d'appui, percé d'arcades à sa partie supérieure. Le monument est construit en moellons; les colonnes engagées qui le décorent sont en briques; le tout est recouvert de stuc. L'intérieur était orné de peintures : on y remarquait plusieurs niches.

14. *Banc demi-circulaire.*

Il appartenait au tombeau ci-dessus, ainsi que le démontre l'inscription suivante placée sur une seule ligne au pourtour intérieur:

MAMIÆ P. F. SACERDOTI PUBLICÆ LOCUS SEPULTUR. DATUS DECURIONUM DECRETO.

«Lieu consacré à la sépulture de la prêtresse publique Mamia, fille de Porcius ou Publius, par un décret des décurions.» Les extrémités sont décorées de griffes de lion.

15. *Tombeau en ruines.*

Il était construit avec du tuf et des pierres volcaniques; le soubassement était en travertin.

16. *Banc semblable à celui décrit n° 14.*

Chacune des extrémités se termine par la jambe et les serres d'un griffon. L'inscription a été enlevée.

17. *Petit édifice consacré probablement à la divinité qui présidait aux chemins publics.*

C'est dans ce monument qu'on a trouvé le squelette d'une sentinelle:

18. *Porte de la ville appelée porte d'Herculanum.*

19. *Piédestal en pierre.*

Les moulures de la base sont en marbre blanc: on présume qu'il devait porter une statue colossale.

20. *Plusieurs substructions de tombeaux.*

21. *Tombeau revêtu de stuc et décoré de pilastres.*

L'inscription a disparu.

22. *Hémicycle couvert.*

Il était orné de peintures; un siége a été pratiqué tout autour à l'intérieur (Voir pl. XXI).

La destination de ce monument n'est pas facile à deviner. C'était peut-être un lieu de repos offert aux voyageurs.

23. *Boutiques.*

24. *Portique avec des boutiques sur le devant.*

25. *Édifice dont la construction singulière et la situation isolée, à l'embranchement des deux voies, font conjecturer que ce pouvait être un* Ustrinum, *lieu où l'on élevait les bûchers funèbres* (1).

---

(1) Sylla, *dit* Cicéron, fut le premier patricien dont on ait brûlé le corps.

DE LA VOIE DES TOMBEAUX.

PLANCHE XVIII.

Vue de l'ensemble des mêmes tombeaux.

On suppose le spectateur placé sur la hauteur non encore excavée, derrière le mur qui servait d'enceinte générale aux monuments compris entre le Triclinium et la cour de la villa de Cicéron. On aperçoit dans le fond le portique dont les boutiques bordaient le côté opposé de la voie.

Le détail du mur sur le premier plan offre un exemple des constructions en briques et blocailles.

PLANCHE XIX.

Vue du tombeau de Scaurus.

Les bas-reliefs si remarquables qui décorent la face extérieure du mur d'enceinte, les gradins et le dessus de la porte d'entrée, sont donnés sur une plus grande échelle dans la planche XX.

La figure placée sur le gradin au-devant du monument peut donner une idée de ses proportions.

A droite est le tombeau rond, plus loin celui de C. Quietus, dont on aperçoit le fronton placé sur le mur du fond de son enceinte; plus loin encore est le tombeau de Nœvaleia Tyche. On peut remarquer sur le petit mur qui sépare ces derniers, l'endroit où était placée l'inscription de Nistacidius qui a servi à établir la mesure du pied antique.

PLANCHE XX.

Bas-reliefs du tombeau de Scaurus.

1. Les figures qui composent ce tableau sont en stuc et fixées sur l'enduit au moyen de clous de bronze ou de fer. On a trouvé d'autres figures, sous quelques parties qui se sont détachées, et l'on a conjecturé avec assez de vraisemblance que ce monument a été restauré après le tremblement de terre qui précéda de seize ans la destruction totale de la ville.

Les deux premières figures des six paires de gladiateurs qui composent le bas-relief sont à cheval; ils combattent avec la lance, et portent un bouclier rond appelé *parma*. La visière du casque en bronze qui arme leur tête est baissée; leurs cuisses et leurs bras sont défendus par des cuissards et des brassards semblables à ceux dont se couvraient nos anciens chevaliers. Leur vêtement se compose d'une tunique fort courte et d'une chlamyde. La victoire encore indécise semble cependant devoir être le prix de celui qui a le bras levé.

Au-dessus de chacun des combattants est une inscription tracée en noir avec le pinceau, et qui indique son nom, son pays, et le nombre de victoires qu'il a remportées.

Nous ne pouvons mieux faire, pour l'explication détaillée de ces inscriptions, que de renvoyer à l'ouvrage de M. Millin publié à Naples en 1813.

Les gladiateurs de la seconde paire s'appuient chacun sur un grand bouclier appelé *scutum*, et semblent attendre, avant de combattre eux-mêmes, quelle sera l'issue du combat que se livrent les premiers; leur attitude exprime l'admiration.

La posture du gladiateur blessé de la troisième paire, dont le sang coule sur l'arène, son bouclier qu'il abandonne, et le doigt de la main gauche qu'il tient élevé, indiquent suffisamment qu'il avoue sa défaite, et qu'il demande grace aux spectateurs. On voit que celui qui vient de l'abattre attend la réponse du peuple pour l'achever ou lui laisser la vie. Leur costume est semblable à celui des gladiateurs de la paire précédente.

Dans le groupe suivant, le gladiateur vaincu attend à genoux la mort que va lui donner son adversaire; le peuple l'ayant condamné, ainsi que l'indique le θ, initiale du mot grec θανατευσης (mort), placé à la fin de l'inscription qui lui est relative.

Les deux figures armées de tridents sont des gladiateurs que l'on appelait *Myrmillons*. A ceux-ci on opposait ordinairement les *Rétiaires*, qui tenaient un filet, ou les *Thraces*, armés d'un bouclier rond et d'une épée recourbée. Mais on voit par cet exemple que cette coutume n'était pas sans exception.

Le gladiateur vaincu qui termine le bas-relief vient de se couvrir d'infamie en laissant tomber son bouclier. Il tâche d'échapper par la fuite à son adversaire, qui le suit d'un air menaçant. Le vainqueur, sans ralentir sa marche, se retourne pour regarder la scène horrible qui se passe derrière lui.

2. Au-dessous du bas-relief que nous venons de décrire, se trouve un des sujets appelés *Venationes* (chasses), dont les gradins du cippe sont ornés.

Dans la partie supérieure, un chien poursuit des lièvres, et un autre vient à la rencontre d'un cerf déja blessé, dont le sang coule sur l'arène. Sur le premier plan, à gauche, un sanglier, près d'atteindre le bestiaire qui vient de terrasser un ours, est arrêté par un chien de grande taille. Le second bes-

VUE DE L'HÉMICYCLE.

VUE RESTAURÉE DE L'HÉMICYCLE.

tiaire, dont le geste exprime la surprise ou l'effroi, vient d'enfoncer une lance énorme dans les flancs d'un taureau. L'animal, dont le sang coule avec abondance, se retourne en fureur vers son ennemi désarmé, et va peut-être le poursuivre à son tour.

3. Bas-relief placé au-dessus de la porte d'entrée du monument.

Le gladiateur qui occupe le milieu de la scène implore la clémence du peuple; mais son adversaire, que retient un personnage non armé (peut-être le maître des gladiateurs), témoigne par son geste l'impatience d'achever sa victoire. L'action des deux autres personnages n'est point équivoque; l'un des deux, quoique grièvement blessé, vient de frapper à mort son antagoniste, qui va tomber sur l'arène.

PLANCHE XXI.

Vue de l'Hémicycle couvert et de plusieurs autres tombeaux.

A droite, sur le devant, sont deux petits piédestaux marqués *a* sur le plan général.

Le tombeau décoré de pilastres, et qui laisse voir dans sa partie supérieure la place où a dû être l'inscription, est celui numéroté 21.

Entre ce monument et l'hémicycle, on remarque l'entrée d'un petit sépulchretum et un cippe surmonté de gradins pyramidaux.

Un toit moderne en tuiles couvre le fronton de l'hémicycle.

Le fond de la planche est occupé par un arc formant l'entrée latérale du portique des boutiques qui bordent la partie nord de la voie.

Les fragments déposés au pied des monuments ont été trouvés dans les fouilles.

Cette vue est prise du banc de Mamia.

PLANCHE XXII.

Vue restaurée de l'Hémicycle.

Cette restauration très-fidèle peut donner une idée de l'élégance que les anciens apportaient même dans les plus petits monuments; on remarque cependant que le goût si pur de l'architecture grecque est déjà altéré, mais les détails du fini le plus précieux et l'exécution ne laissent rien à désirer.

On n'a découvert aucune inscription qui puisse faire connaître l'usage de cet édifice; ce dessin nous a été communiqué par M. Achille Leclerc, architecte.

PLANCHE XXIII.

Détails d'un tombeau sans inscription.

Il est indiqué sur le plan général par le n° 26.
1. Plan.
2. Coupe en travers. On aperçoit au fond une niche décorée d'un fronton, dans laquelle on a trouvé un vase d'albâtre oriental.
3. Coupe prise dans l'axe de la porte.
4. Élévation. On peut voir le détail de la construction, partie en assises régulières, partie en reticulatum.
5. Plan et élévation de la porte : elle était en marbre et tournait sur deux pivots de bronze.
6. Vase en terre rouge.

MURS ET PORTES.

Les remparts de Pompéi sont d'une haute antiquité et d'une construction assez solide pour faire espérer qu'ils résisteront long-temps encore aux diverses causes de destruction qui ont déjà fait disparaître un grand nombre des monuments renfermés dans leur enceinte. La partie supérieure des murs qui les forment est construite en piperno; les assises inférieures sont composées de grosses pierres, longues souvent de quatre à cinq pieds, posées en couches horizontales et parfaitement bien jointes, quoique sans mortier. Les joints verticaux sont inclinés sur les lits horizontaux de manière que la surface extérieure de chaque pierre présente la figure d'un trapèze. Ce genre de maçonnerie a été commun à la plupart des villes étrusques.

Toutes les parties de ces murailles ne sont pas également bien conservées. On a trouvé çà et là des brèches et des réparations assez mal faites qui attestent que la ville a été plus d'une fois démantelée.

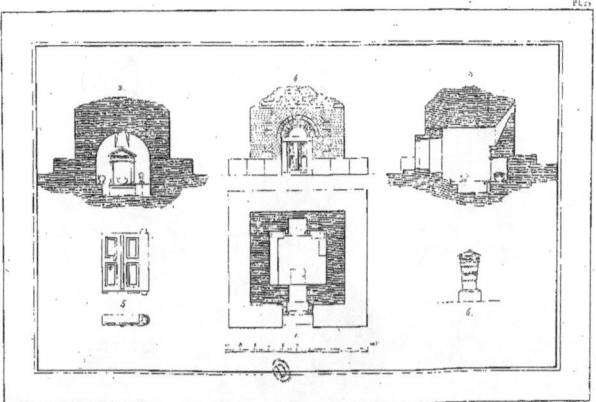

TOMBEAU SANS INSCRIPTION.

MURS ET PORTES.

A des intervalles inégaux sont placées des tours de forme quadrangulaire, dont les murs construits en petits moellons de tuf et recouverts de stuc, ont environ trois pieds d'épaisseur.

Entre ces tours s'étendent les remparts supportés par un double mur, et larges, en y comprenant les deux murs, de près de vingt pieds, mais variant en hauteur de vingt-cinq à trente pieds à partir du sol, suivant le niveau du terrain. On communiquait d'un rempart à l'autre par des poternes pratiquées au-dessous du dernier étage des tours; le second étage était voûté et garni de meurtrières; le plus élevé consistait en une espèce de plate-forme.

Des parapets crénelés s'élevaient sur les bords opposés du rempart, et formaient en apparence une double ligne de défense. Les créneaux du mur intérieur sont plus hauts de quelques pieds que ceux du mur extérieur : ces derniers sont séparés par des merlons, qui forment un retour en dedans pour protéger les défenseurs de la ville contre les traits des assaillants (*Voyez* la vignette de la page 3o).

Il est à remarquer que les murs ne forment jamais un angle prononcé, et que, dans tous les endroits qui offrent quelque facilité pour l'approche des machines, les fortifications se composaient d'un *agger* ou terre-plain terrassé compris entre deux murs, système de défense recommandé par Vitruve.

On a découvert à Pompéi cinq portes principales, dont deux seulement sont dignes d'attention. La mieux conservée, celle de Naples ou d'Herculanum, dont nous avons déja parlé, consistait en deux murs, l'un intérieur, l'autre extérieur, bâtis en couches alternatives de briques et de blocailles, et percés chacun de trois ouvertures cintrées. Le milieu du passage était découvert; on y communiquait des deux parties latérales par deux arcades de chaque côté. Une herse fermait en dehors la porte du centre; les deux petites étaient closes, ainsi que la grande à l'intérieur, avec des vantaux. On regarde cet édifice comme postérieur de beaucoup aux murailles; il fut élevé par les Romains.

La porte de Nola ou du Sarnus, au nord-est de la ville, diffère de la porte d'Herculanum en ce qu'elle est dépassée par les fortifications. Deux tours gardent l'entrée d'une espèce de passage situé entre deux murs parallèles et conduisant à la porte, qui n'avait qu'une arcade de vingt-un pieds de haut sur douze pieds de large. Elle est aussi bâtie en briques et en blocailles, et toute la construction est recouverte en stuc.

MURS ET PORTES.

PLANCHE XXIV.

Vue d'une partie des murs d'enceinte.

On aperçoit deux de ces tours qui, de distance en distance, flanquaient les murailles de la ville; l'une d'elles est représentée avec l'espèce de poterne par où débouchaient probablement les troupes quand elles faisaient une sortie.

A gauche, sur le premier plan, on voit un des créneaux qui bordaient les remparts.

PLANCHE XXV.

Vue de l'une des tours.

Un escalier construit dans la partie de la tour qui est en saillie sur le rempart conduisait à la porte extérieure. De cette manière la circulation intérieure des fortifications n'était jamais obstruée.

La partie supérieure du mur laisse apercevoir trois des gouttières en pierres qui servaient à rejeter en dehors les eaux qui tombaient sur le rempart; leur écoulement facile évitait les infiltrations, cause si active de la destruction des remparts modernes.

PLANCHE XXVI.

Porte d'Herculanum. Vue extérieure.

A droite et contre la porte on aperçoit le petit Ædicule où l'on a trouvé le squelette d'une sentinelle.

A côté est un banc circulaire en marbre marqué 16 au plan général; il est absolument semblable à celui de Mamia, et n'en est séparé que par un tombeau dont on voit les premières assises. La vignette de la page 56 est la vue du banc de Mamia.

A travers la porte, dont les arcades latérales sont seules conservées, on aperçoit les premières maisons de la ville. A gauche, on remarque un piédestal et divers tombeaux ruinés.

Les deux colonnes qu'on voit à l'arcade de gauche ne faisaient pas partie de la porte; elles appartenaient probablement à quelque tombeau entièrement détruit.

MURS D'ENCEINTE.

VUE D'UNE DES TOURS DES MURS D'ENCEINTE.

PORTE D'HERCULANUM,
VUE EXTÉRIEURE.

PORTE D'HERCULANEM.
VUE INTÉRIEURE

PORTE D'HERCULANUM.
VUE RESTAURÉE.

VUE DE LA PORTE DU SARNUS.

PLANCHE XXVII.

Porte d'Herculanum. — Vue prise de l'intérieur de la ville.

A gauche est l'entrée d'une auberge ou poste aux chevaux : l'enseigne que l'on aperçoit à côté de la porte, avait fait prendre d'abord cette maison pour un lieu suspect; mais on a pu se convaincre depuis que la présence des symboles d'une divinité ne prouvait point toujours que les lieux où ils étaient placés fussent consacrés à son culte. On a trouvé dans les écuries les ossements de plusieurs chevaux, les anneaux qui avaient servi à les attacher, et trois charrettes dont les roues sont légères et disposées à peu près comme les nôtres; il y avait deux fontaines dans la cour.

Entre la porte d'Herculanum et la maison dont nous venons de parler était celle d'un apothicaire. Sur le devant sont placées les bornes qui aidaient à monter à cheval.

PLANCHE XXVIII.

Porte d'Herculanum, — Vue restaurée.

On a essayé de donner ici une idée de la principale entrée de Pompéi, telle qu'elle était autrefois. Cette restauration est faite avec la plus grande exactitude et la plus grande simplicité possible; néanmoins le char à deux chevaux est d'invention; les murs sont représentés fidèlement. Le piédestal qui supporte une statue à gauche avait été construit, sans le moindre doute, à cet effet; mais on ne peut savoir s'il était surmonté d'une statue équestre ou de tout autre groupe. La statue que nous donnons est une de celles que l'on a trouvées à Pompéi.

Nous croyons devoir faire observer que tout ce qui est au-dessous de la ligne horizontale est d'une entière exactitude, mais que la partie supérieure est moins authentique.

PLANCHE XXIX.

Vue de la porte de Nola ou du Sarnus.

Cette porte est située à l'extrémité N. E. d'une rue qui très-vraisemblablement traversait la ville dans cette direction. La pente de la voie, à partir de la porte, est très-rapide.

MURS ET PORTES.

A droite, sur le premier plan, est un morceau de la corniche qui couronnait les tours.

Du côté qui regarde la ville, la clef de l'arc est décorée d'une tête fort dégradée, près de laquelle se trouve une inscription en langue osque, dont M. de Clarac a donné l'explication suivante :

« Caius Popidius, fils de Caius, Meddix Tucticus, a rétabli cette porte et l'a « consacrée à Isis. » (Voir la vignette de la page 38.)

Le Meddix Tucticus occupait la première des charges municipales chez les Osques; mais cette charge n'existait plus à Pompéi, devenue colonie romaine; ce qui a fait conjecturer que l'inscription que l'on vient de lire n'appartenait pas à la porte du Sarnus, et qu'elle y avait été mise comme objet de curiosité, lors de quelque restauration.

DEUXIÈME PARTIE.

HABITATIONS.

Les maisons découvertes à Pompéi sont loin d'égaler la magnificence des vastes édifices de Rome et de la Grèce; elles offrent sans doute moins d'intérêt à ceux qui n'aiment à contempler les peuples anciens que dans les monuments de leur puissance et de leur grandeur. Mais ceux qui éprouvent le désir de pénétrer dans leur vie intérieure, de voir l'homme privé à côté du citoyen, et qui regrettent de n'avoir trouvé presque nulle part les traces de leurs mœurs domestiques et de leurs habitudes de famille, ceux-là penseront que les découvertes faites à Pompéi sont d'une valeur inappréciable.

Les Romains nous ont laissé mille modèles de l'architecture publique; et jusqu'à ces derniers temps, nous n'en avions aucun de l'architecture privée. Leurs théâtres, leurs palais, leurs temples, étaient bâtis pour l'immortalité. Aussi les plus grands ravages ne les ont-ils pas entièrement détruits; mais les habitations particulières n'ont résisté, sur aucun point de l'Italie, aux efforts réunis du temps et des Barbares : il a fallu la grande catastrophe d'Herculanum et de Pompéi pour nous en conserver quelques-unes.

Celles que de longs travaux ont fait sortir du milieu des cendres suffiront pour nous donner une idée complète des détails que jusqu'ici on n'avait connus que bien imparfaitement. L'examen attentif de ces habitations dans toutes leurs parties nous fera mieux comprendre Vitruve que le secours de ses commentateurs les plus ingénieux.

La distribution des maisons chez les Romains était presque toujours la même. Elles étaient construites sur un plan plus ou moins vaste, suivant les différences du rang et de la fortune; mais pour peu qu'une maison fût considérable, elle était divisée en deux parties distinctes, l'une renfermant toutes les pièces d'un usage public, l'autre consacrée au service domestique.

La partie privée contenait les chambres à coucher ou Cubicula, le Triclinium, les OEci, la Pinacotheca, la bibliothèque, les bains, l'Exèdre, le Xiste, etc., toutes ces pièces étaient distribuées autour du Péristyle.

Le Vestibule et l'Atrium, qui renfermait, dans un ordre presque toujours semblable, le Cavœdium, le Tablinum, les Ailes, les Fauces, formaient la partie publique.

De chaque côté du vestibule placé à l'entrée de la maison, se trouvent souvent des boutiques, dont les unes, sans communication avec l'intérieur, étaient louées à des particuliers; les autres ouvrant sur le vestibule, servaient au propriétaire à faire vendre le produit de ses terres.

Il est assez difficile de distinguer en quoi différaient l'Atrium et le Cavœdium ; ces deux noms s'appliquent également, dans les auteurs qui en ont parlé, à une cour couverte qui se trouve du côté de l'entrée. Il paraît que l'Atrium était pris souvent pour toute la partie antérieure de la maison.

Vitruve distingue cinq espèces d'Atrium ou de Cavœdium. Les toits de ceux qui étaient le plus en usage à Pompéi amenaient les eaux dans un petit bassin ou Impluvium situé au centre, d'où elles tombaient dans une citerne construite au-dessous.

Dans le Tablinum, on plaçait les images des ancêtres et des inscriptions en leur honneur.

Les Ailes étaient de petites pièces, entièrement ouvertes et faisant partie de l'Atrium.

Les Fauces, qui sont des espèces de corridors, servaient de communication entre la partie publique et la partie privée.

Le Péristyle était un portique intérieur qui régnait autour d'une cour ordinairement plus grande que l'Atrium et entièrement découverte. Sur les côtés du Péristyle étaient distribués les appartements.

Les chambres à coucher étaient généralement petites; quelquefois on y ménageait une alcôve; les lits qu'on y plaçait étaient en bronze; mais dans les habitations des personnes peu aisées, on se contentait de couchettes en bois. souvent même sur un massif en maçonnerie, élevé de quelques pouces, on se contentait d'étendre des tapis et des vêtements.

On donnait à la salle à manger le nom de Triclinium, parce que le lit sur lequel se plaçaient les convives entourait la table de trois côtés.

Les Œci correspondaient aux salons modernes (1).

L'Exèdre était une grande salle où l'on faisait la conversation.

La Pinacotheca servait de galerie de tableaux.

La bibliothèque renfermait les manuscrits.

Les bains, objet d'un soin particulier chez les Romains, étaient situés dans la partie la plus reculée de la maison, et quelquefois même dans la partie souterraine.

Le logement des esclaves ou Ergastulum n'était ni sain ni commode, si l'on en juge d'après les maisons de Pompéi.

Le Xiste était un parterre où l'on cultivait des fleurs et des arbustes, ou bien un lieu consacré à la promenade.

Les étrangers non invités, et qui venaient seulement pour traiter de quelque affaire, ne pouvaient entrer que dans le vestibule ou le Cavœdium. Les personnes d'un rang inférieur, n'ayant point de clients et point d'aïeux célèbres, n'avaient besoin, dit Vitruve, ni de Vestibule, ni d'Atrium, ni de Tablinum. On peut ajouter qu'ils se passaient aussi de bibliothèque et de Pinacotheca; car les manuscrits et les tableaux étaient des objets également rares et précieux.

La partie extérieure de la plupart des maisons offrait des boutiques; à côté ou au-dessous étaient des magasins ou celliers, dont la construction avait bien moins pour but l'élégance des proportions que la conservation des marchandises.

Les maisons de campagne étaient bâties comme celles des villes, avec cette différence seulement que, dans les premières, le portique ou péristyle était situé près de l'entrée et dans la partie où le public était admis.

---

(1) Il y en avait de plusieurs sortes: les Corinthiens, environnés de colonnes et voûtés; les Tétrastyles ou Égyptiens, qui avaient deux ordres avec un balcon ou une terrasse extérieure; enfin, les Cyzicènes, situés au nord sur le jardin.

Les femmes occupaient ordinairement la partie la plus reculée de la maison ; la cour intérieure autour de laquelle leurs chambres étaient distribuées était entièrement séparée de l'habitation des hommes. On voit, dans Térence, Jupiter qui passe par-dessus les toits des maisons voisines, et descend par la gouttière (*per impluvium*) dans l'appartement de Danaé, évitant ainsi les appartements des hommes, devant lesquels il aurait été obligé de passer, s'il fût entré dans la maison par la porte de la rue. Plusieurs passages d'Homère nous apprennent que la même coutume régnait chez les Grecs.

Dans nos habitudes, telles que les ont faites et notre constitution politique et notre climat, nous regarderions comme une incommodité insupportable l'absence totale des cheminées et presque générale des fenêtres dans nos habitations. Mais les Romains cherchaient à se garantir de la chaleur bien plus que du froid, et il leur suffisait de recevoir du jour par une ouverture pratiquée au-dessus de la porte dans des appartements où ils ne restaient que la nuit et à l'heure des repas. Leur vie presque entière s'écoulait au forum et sous les portiques.

Les murs des maisons de Pompéi paraissent, au premier coup d'œil, peu susceptibles d'une longue durée ; ils ont, en effet, peu d'épaisseur ; leurs parements sont formés de petites briques triangulaires posés à plat, et le vide rempli en blocaille. Cette construction qui partageait le mur en trois parties, n'offrant pas une assez grande solidité, on avait soin de placer dans la hauteur des assises horizontales en grandes briques, et à chaque jambage de porte des chaînes de ces mêmes briques qui formaient toute l'épaisseur du mur et le rendait tellement solide, qu'on ne remarque presque nulle part aucune fente ou crevasse, et que partout l'aplomb est parfaitement conservé. L'espèce d'enduit qui les recouvre est excellent, et paraît avoir été employé de la manière prescrite par Vitruve : il veut qu'à un enduit grossier on en ajoute un second appelé *arenatum* et composé principalement de sable et de chaux ; le tout doit être couvert ensuite d'une couche de marbre pilé ou *marmoratum*. A Pompéi, cette dernière couche est mince et très-polie. Lorsque l'enduit de *marmoratum* était encore humide, on y appliquait les couleurs, qui, se trouvant ainsi incrustées, conservaient long-temps leur éclat.

Les plus petites maisons de Pompéi étaient couvertes de cette espèce de stuc et ornées de peintures brillantes, avec une variété infinie et un goût qu'on ne se lasse point d'admirer.

Toutefois on aurait tort de s'imaginer que les peintures qu'on trouve dans les villes excavées soient d'une assez grande beauté pour rappeler l'idée de cette perfection qu'on attribue généralement et avec justice aux grands maîtres de la Grèce et de Rome. Pompéi n'était qu'une très-petite ville qui vraisemblablement ne renfermait aucun ouvrage des premiers artistes ; et si, par hasard, quelque tableau estimé se fût trouvé dans ses murs à l'époque de l'éruption, peut-on penser qu'une excavation de dix à quinze pieds eût été un obstacle insurmontable?

Les peintures de Pompéi sont remarquables surtout par une grande facilité de dessin, et par ce sentiment exquis de simplicité qui distingue dans les arts les anciens des modernes. (La partie consacrée à cet objet contiendra des détails sur les procédés suivis, soit dans la composition des couleurs, soit dans leur emploi.) Néanmoins, dans la représentation des sujets d'architecture idéale, les artistes se sont un peu trop écartés du simple et du vrai. Vitruve blâme avec raison cette profusion d'ornements, ces peintures qui décoraient les murs des maisons sans intéresser l'esprit; il n'aimait point qu'on substituât le faible roseau ou le pilier en forme de candelabre à la colonne plus régulière, mais plus massive; il n'approuvait pas non plus ce mélange de feuillage et de volutes à demi animaux, dont l'abus se fait particulièrement sentir dans ces peintures connues sous le nom d'arabesques.

Cependant, au milieu de ces écarts, on ne peut s'empêcher d'admirer la grace de ces compositions dans ce qu'elles ont de plus fantastique, et leur naiveté, lorsqu'elles ont pour objet quelque sujet d'architecture.

On a retrouvé dans plusieurs maisons des peintures imitant des marbres de plusieurs couleurs. A Rome, on incrustait dans les murs de véritables morceaux du marbre le plus précieux; et quand ses couleurs ne paraissaient pas assez éclatantes, on avait recours à l'art pour lui donner des teintes qu'il n'avait pas reçues de la nature, ou bien on le veinait avec de l'or.

Le sol des maisons les moins opulentes était recouvert d'un ciment dans lequel, avant qu'il fût sec, on introduisait à des intervalles égaux des morceaux de marbre ou de pierres colorées disposés avec symétrie. Les grands appartements étaient décorés de superbes mosaïques; plusieurs ont été enlevées avec soin et transportées au musée royal de Portici, où elles forment le plancher des salles dans lesquelles on conserve les objets provenant des fouilles de Pompéi et d'Herculanum.

Le sapin était le bois employé le plus généralement dans la construction; mais nulle part la charpente ne s'est conservée entière. Les portes, aussi en sapin, tournaient sur des pivots, et fermaient au moyen de verrous pendants à des chaînes. On a trouvé encore quelques croisées dont plusieurs étaient vitrées.

Il n'entre point dans le plan de cet ouvrage de donner une description dé-

DEUXIÈME PARTIE, HABITATIONS.

taillée de tous les objets qui formaient le mobilier des habitants de Pompéi. Il nous suffira de dire qu'on en peut voir une très-grande variété dans le muséum de Portici. Ustensiles d'argent, d'airain et de pierre; vases de terre de toutes les dimensions adaptés à tous les usages, trompettes, cloches, lanternes garnies de corne, grils en fer, broches, casseroles dont quelques-unes sont doublées en argent; chaudières, cuillers à pot; enfin tous les ustensiles de cuisine, excepté les fourchettes, s'y trouvent rassemblés.

On y voit aussi des chaînes, des verrous, des fouets, des foyers portatifs, avec des appareils pour faire chauffer l'eau, des dés, dont on assure que plusieurs sont pipés; une toilette complète, avec des peignes, des dés à coudre, des anneaux, du fard, des pendants d'oreille, des épingles pour les cheveux. On a trouvé très-bien conservés jusqu'à des œufs, des amandes, des noix, des figues, des raisins secs et des châtaignes.

Il nous semble qu'après avoir admiré le peuple-roi dans son histoire et dans ses grands monuments qu'il s'efforçait de rendre dignes de la ville éternelle, on doit éprouver un plaisir bien vif à pénétrer dans l'intérieur d'une habitation privée, pour y voir tous ces petits objets dont nous venons de donner le détail, et surprendre en quelque sorte le secret des habitudes et des mœurs domestiques.

FRONTISPICE DE LA 2.ᵉ PARTIE.

VUE D'UN CARREFOUR.

EXPLICATION DES PLANCHES

DE LA

DEUXIÈME PARTIE.

PLANCHE XXX.

Frontispice.

Nous avons hasardé cette restauration d'un Atrium toscan, d'après les conseils et sur les dessins de M. Provost, ancien pensionnaire du gouvernement à Rome : il a bien voulu mettre à notre disposition plusieurs autres restaurations très-intéressantes; nous nous empresserons d'en enrichir cet ouvrage, dont elles ne feront pas le moindre ornement.

L'Atrium de la maison de Salluste, mieux conservé que ceux des autres habitations, et laissant par conséquent moins de champ aux suppositions, nous a paru le plus propre à remplir le but que nous nous étions proposé.

On peut donc considérer cette vue comme très-fidèle et donnant l'idée la plus exacte de l'Atrium toscan. Presque tous les détails et les peintures existent encore; le toit seulement est ajouté.

Les fragments placés sur le premier plan appartiennent à la même habitation. Le chapiteau à gauche, d'un goût bizarre et dont on trouve des exemples dans l'architecture gothique, décorait l'Ante de la porte d'entrée; les deux têtes qui y sont si singulièrement ajustées représentent Silène et un faune. Celui de droite est en stuc et décorait l'Atrium.

Les compartiments entre les portes, et en général tous les ornements, sont aussi en stuc colorié; chaque compartiment est peint d'une couleur différente; tout le reste est blanc.

PLANCHE XXXI.

Vue d'un carrefour.

Cette vue est prise de l'angle ouest de la maison de Pansa. Au point de concours des deux rues est une fontaine dont le petit réservoir est décoré d'une sculpture représentant un aigle enlevant un lapin. Il est assez extraordinaire de rencontrer ici le type des médailles d'Agrigente, et très-difficile de deviner le sens de cette allégorie. Cependant, en considérant combien était criminel celui qui, dans un climat, où l'eau est si nécessaire, dégradait une fontaine, ne pourrait-on pas regarder l'aigle comme l'emblème de la force ou de la justice, à laquelle le coupable ne peut se soustraire malgré la célérité de sa fuite? Derrière cette fontaine on aperçoit une boutique dont le comptoir existe encore; sur l'un des jambages de la porte est une inscription presque illisible.

Les rues principales et la plus grande partie des monuments sont ornés de fontaines à peu près semblables entre elles. L'eau amenée dans un petit réservoir par des conduits en pierre ou en plomb et même quelquefois simplement en terre, est reçue dans un bassin formé de dalles de pierre liées par des crampons de fer. Le trop plein des fontaines, les eaux pluviales et ménagères, s'écoulaient par des égouts pratiqués sous les trottoirs.

La chaussée de la rue ainsi que les trottoirs sont pavés en grands quartiers de lave d'une forme irrégulière; les intervalles qu'ils laissent entre eux sont remplis, suivant leur grandeur, de morceaux de granit, de ciment, et même quelquefois de coins en fer. Les pierres qui forment le bord du trottoir, présentent en beaucoup d'endroits, et principalement devant les boutiques, des trous qui servaient à passer la bride pour attacher les chevaux.

La rue à gauche conduit à la porte d'Herculanum; l'autre se prolonge jusqu'aux remparts. On peut remarquer les trottoirs qui les bordent. Des pierres placées en travers de la rue, servaient à les traverser dans les temps de pluie.

Les rues de Pompéi sont généralement étroites; mais les chars n'ayant que quatre pieds de voie, ainsi que l'indiquent les traces laissées sur le pavé, une grande largeur était peu nécessaire. D'ailleurs, suivant un préjugé qui fut longtemps dans nos usages, et dont nous commençons à nous défaire, les anciens croyaient les rues étroites et tortueuses plus saines, parce que l'action du soleil s'y faisait moins sentir.

Le fond de la planche est occupé par le Vésuve au moment d'une éruption.

PLANCHE XXXII.

Plan et coupe d'un Atrium toscan.

Les maisons de Pompéi sont presque toutes construites sur un plan uni-

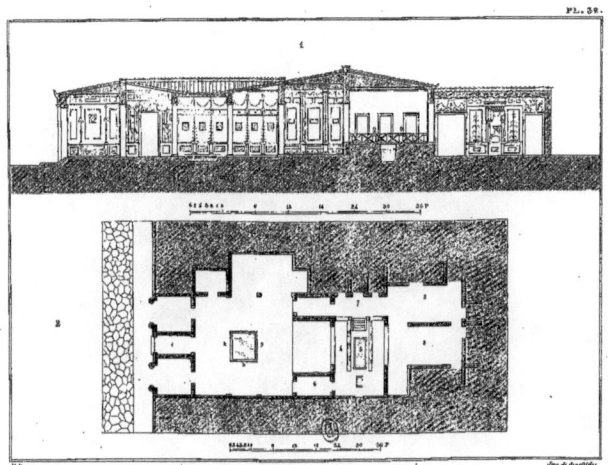

PLAN ET COUPE D'UN ATRIUM TOSCAN.

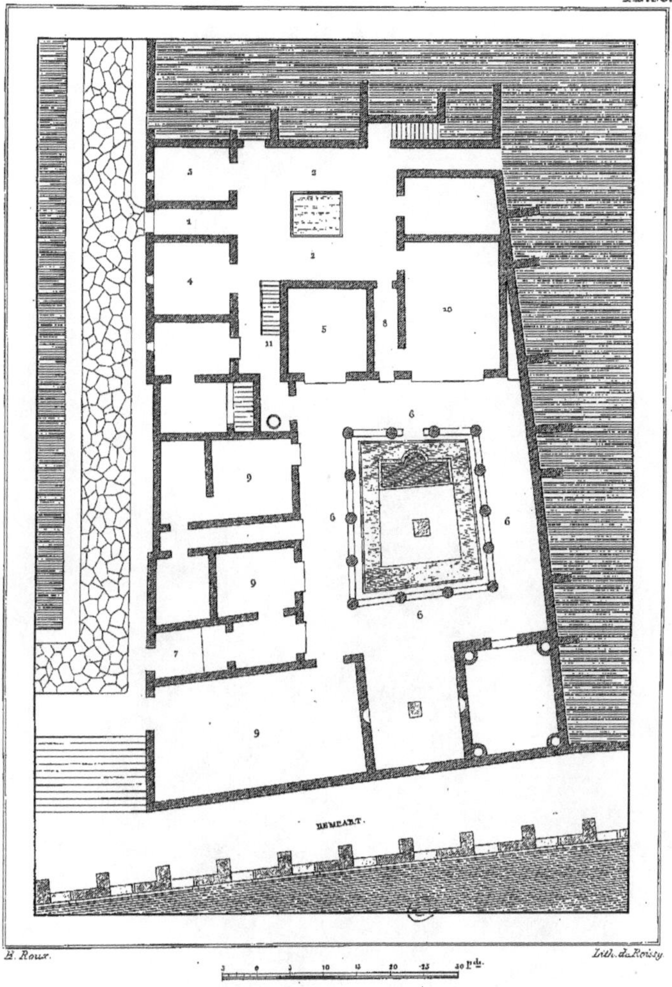

PL. 33.

PLAN DE LA MAISON DES VESTALES.

EXPLICATION DES PLANCHES.

forme. Lorsque, par le défaut d'espace ou l'irrégularité du terrain, la disposition ordinaire a dû changer, on remarque avec quelle adresse l'architecte a su se plier aux localités en altérant le moins possible le principe des distributions.

Dans les habitations les moins importantes et dont les propriétaires peu fortunés ne pouvaient avoir un grand nombre de clients, on retrouve toujours l'Atrium entouré de ses dépendances, un Triclinium ou salle à manger (1), et un Péristyle, ou au moins une cour intérieure qui en tient lieu.

Néanmoins, dans quelques maisons, cette régularité de distribution est un peu altérée; celle par exemple dont on voit ici une partie du plan (fig. 1) et la coupe (fig. 2), et qui était assez considérable, offre une disposition assez singulière et dont jusqu'ici on n'a point retrouvé d'exemple à Pompéi, c'est une espèce de bassin en maçonnerie placé en face du Tablinum dans la partie qui devait être occupée par le Péristyle. Il est très-difficile de deviner quel pouvait être l'usage de cette pièce et le motif qui a pu porter à changer ainsi la disposition ordinaire.

La décoration extérieure de l'entrée formée de quatre colonnes engagées est encore un exemple unique à Pompéi; ordinairement les portes donnant sur la rue n'étaient ornées que de deux pilastres surmontés d'une petite corniche.

1. Protyrum ou entrée; les pièces à droite et à gauche servaient de vestibule.

2. Atrium toscan, avec son Impluvium 3; l'emplacement n'a pas permis d'y placer les ailes.

4. Salle où se trouve le bassin dont on a parlé plus haut; elle avait un passage particulier 6 qui communiquait avec l'Atrium.

Le corridor ou Fauces 7 donnait entrée à diverses pièces 8.

La coupe est prise sur l'axe de l'Atrium. Tous les murs sont décorés de peintures, excepté ceux de la salle à gauche, où l'on aperçoit le bassin déjà cité.

PLANCHE XXXIII.

Plan de la maison des vestales.

Voici encore une habitation dont le plan s'écarte beaucoup des dispositions

---

(1) Quelques habitations renferment deux et même trois Triclinium: la maison de Salluste est de ce nombre. Les uns ouvrant sur le Xiste ou parterre servaient pendant l'été; les autres placés dans l'intérieur et plus à l'abri n'étaient en usage que l'hiver.

en usage; il serait difficile de découvrir la destination de chacune des pièces qui la composent, et par conséquent trop hasardé de leur assigner un nom : cependant l'Atrium toscan avec son Protyrum 2 et les pièces 3 et 4 formant le vestibule, est facile à reconnaître; mais le Tablinum n'existe pas, à moins qu'on ne le voie dans la pièce 5, donnant sur le portique 6.

Une seconde entrée 7 ou Posticum, placé en face d'une rue qui longe les murs d'enceinte, ouvre sur le péristyle, qui lui-même ne communique avec l'Atrium que par un corridor ou Fauces 8.

Autour du péristyle sont distribués les appartements et les pièces de service 9.

Le Triclinium 10 ouvrait sur le péristyle et communiquait avec l'Atrium.

Cette maison avait un premier étage, ainsi que l'indiquent un petit escalier marqué 11, et des parties de murs encore subsistantes au-dessus du niveau du rez-de-chaussée.

Le Portique, malgré la singulière irrégularité de son plan, devait être d'un bel effet; il était couvert par un toit rejetant les eaux à l'intérieur. Les trous de scellement des chevrons que l'on aperçoit sur le mur à droite (*Voyez* planche suivante) en déterminent expressément la forme.

PLANCHE XXXIV.

Vue de la maison des vestales.

Adossée aux remparts de la ville et près de la porte d'Herculanum, cette maison, à en juger par ce qui reste du Péristyle, paraît avoir été très-belle; rien ne fait soupçonner ce qui a pu lui valoir la dénomination sous laquelle elle est connue.

Les murs du Portique étaient décorés de peintures très-curieuses (voir la 5e partie entièrement consacrée à ce genre de décorations). Les chapiteaux des colonnes, d'un goût bizarre, témoignent jusqu'à quel point on négligeait quelquefois la pureté et l'élégance de l'architecture grecque.

Le spectateur est supposé placé sur le mur qui joignait le rempart; la rue à gauche, où se trouvait l'entrée principale, va joindre la grande voie conduisant à la porte d'Herculanum.

Dans le fond on aperçoit Castellamare, la chaîne des monts Lactarius qui se prolonge jusqu'au promontoire de Minerve; la petite île à droite est Rovigliano.

VUE DE LA MAISON DES VESTALES.

PLAN DE LA MAISON DE CHIRURGIE.

MAISON dite DE CHIRURGIE.
VUE PRISE SOUS LE PÉRISTYLE.

EXPLICATION DES PLANCHES.

PLANCHE XXXV.

Plan de la maison dite de chirurgie.

Lors des premières fouilles exécutées à Pompéi, on trouva dans une des chambres de cette maison des instruments de chirurgie qui ont été déposés au muséum de Portici; cette particularité servit long-temps à la distinguer, et le nom lui en est resté.

Dans un terrain irrégulier et excessivement étroit on peut voir avec quelle adresse ce plan est distribué. L'Atrium toscan 2 avec son Impluvium 3 communique avec la rue par le Protyrum 1, et avec le Péristyle 5 par un passage ou Fauces 4; les pièces 6 et 7 éclairées sur la rue par de très-petites croisées forment le vestibule. La salle marquée 8 communiquant avec le Péristyle et l'Atrium était peut-être le Tablinum.

L'emplacement que l'exiguïté du terrain permettait d'employer pour le Péristyle étant très-petit, on s'est contenté de faire régner le Portique seulement sur trois côtés : les colonnes sont engagées par un mur à hauteur d'appui ou Pluteum. Sur le mur du fond de la cour on a pratiqué une petite niche surmontée d'un fronton; on y plaçait probablement l'image de quelque divinité protectrice de la maison.

Les eaux pluviales qui tombaient du toit du Portique étaient reçues dans un petit conduit ou canal en pierre; elles allaient se rendre dans une citerne au-dessus de laquelle se trouvait un puits dont la mardelle était en marbre.

9. Triclinium ; c'est dans cette pièce qu'ont été découverts les instruments de chirurgie.

10. Cuisine et ses dépendances; à côté se trouve la naissance d'un petit escalier 11.

12. Logement d'un esclave.

13. Sortie de la rue, ou Posticum ; c'était par là que se faisait le service intérieur, qu'on introduisait les provisions de toute espèce, afin que les esclaves ne fussent pas obligés de traverser l'Atrium.

14. Pièce enclavée dans l'enceinte de l'habitation, mais dépendante de la maison voisine.

PLANCHE XXXVI.

Vue de la même maison.

Cette vue est prise sous le Portique; on aperçoit au fond de la cour la petite niche dont on a parlé plus haut; le mur sur lequel elle est placée est décoré de peintures représentant un treillage à hauteur d'appui, et des coupes ou vasques que l'on plaçait ordinairement dans les jardins.

La partie inférieure des colonnes est peinte en bleu, et le petit mur ou Pluteum en rouge avec des compartiments d'un ton plus foncé.

PLANCHE XXXVII.

Plan de la maison de Salluste.

De toutes les maisons découvertes à Pompéi, celle-ci est peut-être la plus remarquable, tant par la commodité de ses distributions que par le nombre, l'élégance et la variété des peintures qui décoraient presque toutes les pièces (voir la 5e partie).

Le nom qu'elle porte lui vient d'une inscription placée sur un des jambages de la porte d'entrée; toutefois on ne peut conclure avec certitude du sens de cette inscription si Salluste était le vrai propriétaire ou s'il n'était que le locataire de cette habitation. Elle est aussi connue à Pompéi sous le nom de maison d'Actéon, qui lui a été donné à cause d'une peinture où la métamorphose de ce chasseur est représentée (voir planche xxxix); cette peinture décorait le mur du fond de la cour, du portique du *Venereum*.

La partie de l'habitation qu'on est convenu d'appeler ainsi, composée seulement d'un portique, de deux petits cabinets et d'un triclinium ouvrant sur le portique, ne pouvait pas être l'appartement des femmes; d'ailleurs l'extrême recherche apportée dans sa décoration, les sujets tantôt gracieux tantôt licencieux des peintures, et surtout son entier isolement du reste de l'habitation, avec laquelle elle n'a de communication que par un petit passage fermé de deux portes, tout fait présumer que ce ne pouvait être qu'un lieu consacré au plaisir. On avait poussé la recherche jusqu'à comprendre dans son enceinte une petite cuisine, afin que les esclaves attachés particulièrement à ce lieu de délices ne fussent pas obligés d'en sortir pour préparer ce dont on pouvait avoir besoin, et que rien ne pût troubler les jouissances qu'on y goûtait.

Nous allons parcourir les appartements qui composent cette charmante habitation; chaque pas nous révélera un secret des mœurs, des usages et des plus petits détails de la vie privée des anciens.

1. Entrée principale ou Protyrum.
2. Vestibule ouvrant sur la rue et communiquant avec l'Atrium et le Protyrum.

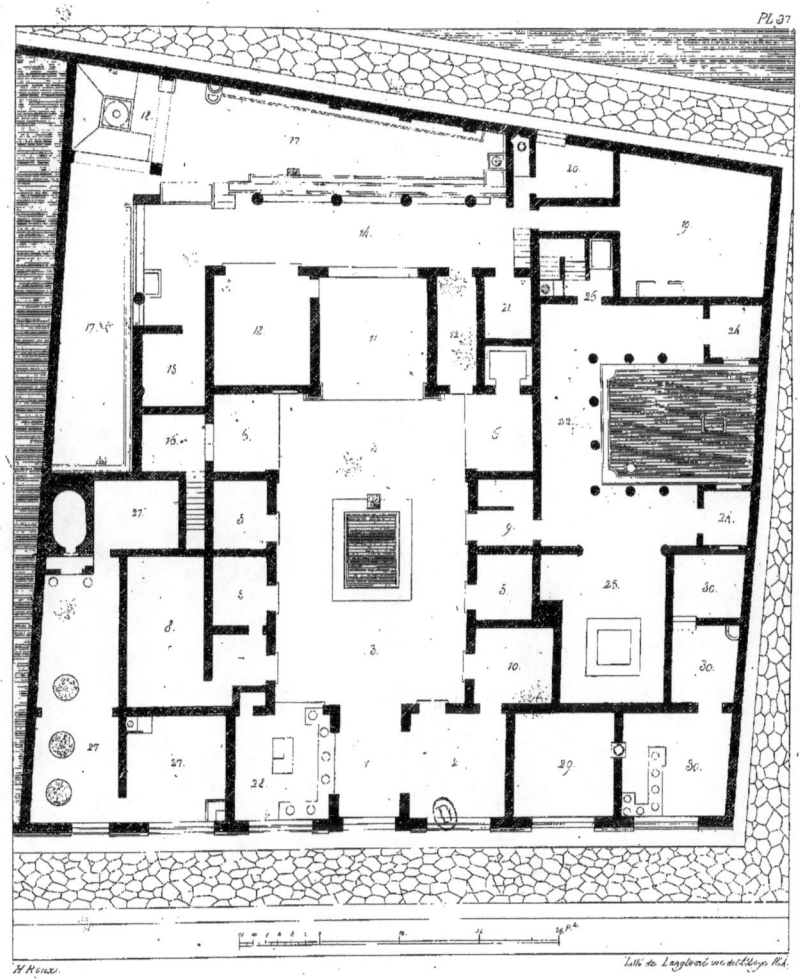

PLAN de la MAISON de SALLUSTE.

EXPLICATION DES PLANCHES.

3. Atrium toscan avec son Impluvium 4 et un petit autel pour les dieux domestiques (la planche 40 représente l'état actuel de cet Atrium, dont le fontispice de cette partie offre la restauration).

Autour de l'Atrium on trouve diverses pièces 5, les ailes 6, le petit vestibule 7 communiquant avec une grande pièce 8 éclairée probablement par le haut; rien n'indique quelle a pu être sa destination.

9. Passage conduisant au Vénéréum; à côté est un petit réduit pour le logement d'un esclave.

10. Pièce qui devait servir de cabinet pour la réception des clients dont le rang ne permettait pas qu'ils fussent admis dans l'Atrium.

11. Tablinum ouvert sur l'Atrium et le portique, à droite un passage 12 établissant la communication de l'Atrium avec les pièces de service et le Posticum ou entrée des esclaves.

13. Triclinium ou salle à manger; elle était disposée de manière à jouir de la vue du portique et du parterre ou Xiste.

14. Portique. La disposition du terrain ne permettant pas de le disposer régulièrement, tout le biais a été rejeté sur le jardin. On a pu ainsi conserver, autant que possible, le type de l'ordonnance primitive.

15 et 16. Cabinets pris aux dépens du Portique (cette construction est évidemment ajoutée après coup, ainsi que le témoigne une colonne laissée dans l'épaisseur du mur): le premier ouvrant sur le portique, était peut-être une Pinacotheca ou une bibliothèque; le second communiquant avec une des ailes, donne aussi entrée à un petit escalier.

17. Xiste ou parterre; on y montait par des marches situées en face du Triclinium; les eaux pluviales, tombant du toit du portique, étaient reçues dans un conduit en pierre. La face du mur opposée au portique était décorée de pilastres entre lesquels sont des peintures représentant un jardin avec des treillages, des fontaines, des guirlandes et des oiseaux (*Voyez* pl. 41).

18. Triclinium d'été. Placé entre deux parterres où l'on cultivait les fleurs les plus rares, décoré avec le goût le plus exquis et la plus grande élégance, ce Triclinium semble avoir été conservé exprès pour nous donner une idée de la recherche que les anciens apportaient dans leurs repas. Autour de la table ou Monopodium régnait un siége en maçonnerie que l'on recouvrait de coussins et de tapis (*Voyez* la restauration de ce Triclinium, planche 42).

19, 20 et 21. Cuisine et pièces de service pour les esclaves; cette partie de l'habitation est la plus dégradée.

22. Portique du Vénéréum entourant une cour 23 et communiquant à deux cabinets 24, ainsi qu'au Triclinium 25. Il était couvert par une terrasse

à laquelle on parvenait par un petit escalier placé dans une espèce de cuisine 26. A côté de cet escalier était un fourneau servant à tenir les plats chauds. Dans la même pièce, sous le rampant de l'escalier, on avait pratiqué un cabinet d'aisances, placé assez singulièrement, mais indispensable pour éviter toute communication avec le reste de l'habitation. La vignette de la page 62 présente la vue de l'escalier, du fourneau, et l'entrée du cabinet d'aisances.

C'est sur le mur du fond de la cour, en face d'un petit bassin, que se trouve la peinture de Diane et d'Actéon dont il a été parlé ci-dessus.

Cet asyle, que son isolement rendait déja si mystérieux, était construit de manière à ce qu'aucun regard indiscret ne pût y pénétrer. Les cabinets étaient décorés de peintures gracieuses analogues au culte de la divinité à laquelle ce lieu était consacré; quelques-unes même représentaient des sujets assez licencieux; celles qui ornaient les murs du portique étaient en couleur sur un fond noir.

Plusieurs boutiques dépendaient de cette maison. Celle numérotée 27, composée de trois pièces, était une boulangerie; le four est construit absolument comme ceux dont nous nous servons aujourd'hui. Les trois meules ou moulins situés dans la même pièce que le four sont semblables à ceux d'une autre boulangerie que nous décrirons avec la maison dont elle fait partie. La boutique proprement dite, c'est-à-dire l'endroit où se vendait le pain, est ouverte sur la rue et se fermait au moyen de volets glissants dans des rainures et retenus par des barres : ce genre de fermeture est commun à toutes les boutiques de Pompéi. Dans un coin de cette pièce est un cabinet d'aisances que nos usages ne s'accommoderaient pas de trouver en pareil lieu.

La boutique n° 28 communiquant avec l'Atrium était garnie d'une espèce de comptoir en maçonnerie dans lequel étaient scellés des vases en terre. Elle servait au propriétaire à faire vendre les produits de ses domaines; on en remarque beaucoup de ce genre à Pompéi, et surtout dans les habitations les plus considérables. Cet usage est un peu loin de nos mœurs; mais chez les anciens, les particuliers, même ceux que leurs richesses mettraient chez nous bien au-dessus de ces soins minutieux, ne négligeaient aucun détail de l'économie domestique et ne dédaignaient pas de s'en occuper eux-mêmes : toutefois, à Florence et dans quelques parties de l'Italie, on trouve encore des traces de cette coutume; les propriétaires riches font vendre chez eux les vins et les fruits de leur récolte.

29 et 30. Autres boutiques. Le puits pratiqué dans l'épaisseur du mur qui les séparait était commun.

Celle marquée 30, dans laquelle se trouve un comptoir, avait deux autres

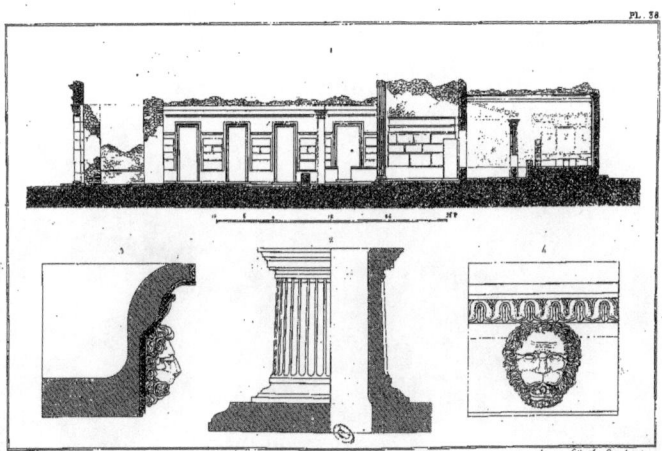

MAISON de SALLUSTE.

COUPE GÉNÉRALE ET DÉTAILS

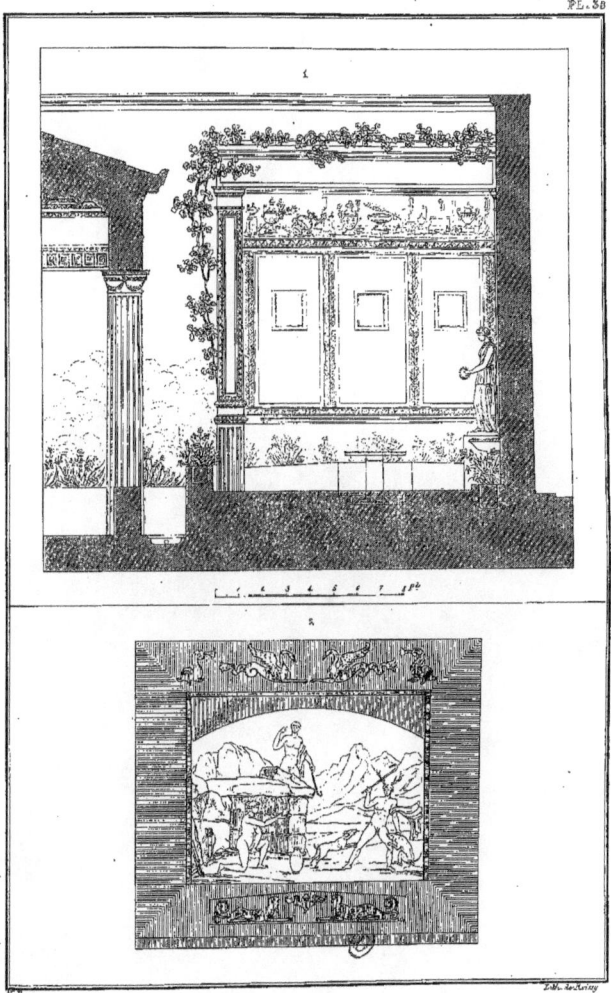

MAISON DE SALLUSTE.

Coupe du Triclinium. — Peinture du Vénéreum.

EXPLICATION DES PLANCHES.   71

pièces qui en dépendaient. Il est difficile de se rendre compte de l'usage de ces deux pièces, qui ne recevaient de jour ni d'air d'aucun côté.

PLANCHE XXXVIII.

Coupe générale de la même maison.

1. Cette coupe est prise sur l'axe de l'Atrium; pour en bien comprendre les détails, il est nécessaire d'avoir le plan sous les yeux : à gauche, sous le Protyrum, on aperçoit la boutique numérotée 28 sur le plan. Les trois baies ornées de chambranles en stuc, communiquant aux pièces 5 5 et 7, étaient fermées par des portes en menuiserie et probablement à claire-voie dans leur partie supérieure afin de laisser pénétrer le jour et l'air dans l'intérieur.

Au milieu de l'Atrium est le bassin de l'Impluvium, dont la mardelle était en marbre.

Le grand pilastre cannelé, sans chapiteau, détermine l'entrée du Tablinum, où l'on voit une petite porte qui conduisait au Triclinium marqué 13 sur le plan : vient ensuite le Portique et le Xiste, au fond duquel est placé le Triclinium d'été.

2. Mardelle en marbre recouvrant une citerne ; il s'en trouve de semblables dans presque toutes les habitations de Pompéi : la coupe au-dessous est celle du bassin de l'Impluvium.

3 et 4. Chéneau en terre cuite revêtue en stuc colorié, formant corniche autour du Compluvium. Cette décoration, peu dispendieuse et d'un très-bel effet, était fort usitée à Pompéi. Il serait à désirer que cet usage se propageât chez nous et fît abandonner tout-à-fait ces mesquines gouttières en fer-blanc qui, outre l'inconvénient d'être inutiles lorsque la pluie est un peu abondante, accompagnent si ridiculement les corniches les plus élégantes.

PLANCHE XXXIX.

Coupe du Triclinium et peintures.

Le détail que présente la figure 1re nous a paru nécessaire pour donner une idée de l'ajustement et de la décoration de ce Triclinium d'été : toutes les peintures existent, il n'y a de restauré que la couverture. La colonne à gauche est une de celles du portique; au pied de cette colonne est le conduit en pierre qui recevait les eaux du toit du portique, et les conduisait à une citerne : au-dessous du sol du Xiste se trouve un petit encaissement en maçonnerie où

EXPLICATION DES PLANCHES.

l'on cultivait des fleurs et des plantes rares; il régnait dans toute la longueur du parterre.

La table ou Monopodium était en marbre, ainsi que la fontaine qu'on aperçoit à droite.

2. Peinture placée dans le fond de la cour du Vénéréum. Dans la partie supérieure, Actéon surprend Diane au bain; et plus bas, déja livré à la vengeance de la déesse, il est dévoré par ses chiens. Cette double action, où le même personnage est représenté dans deux situations différentes, est une licence qu'on n'oserait se permettre aujourd'hui.

Ce tableau, très-bien conservé, a 12 pieds de long sur 9 de haut.

PLANCHE XL.

Vue de l'Atrium.

Le frontispice de cette partie présente la restauration de l'Atrium dont on voit ici l'état actuel. En comparant ces deux dessins avec la coupe (planche xxxviii) et le plan, on peut facilement se rendre compte de l'aspect que devait présenter cette partie principale des maisons de Pompéi.

Centre de communication des diverses parties de l'habitation, décoré avec luxe et avec élégance, l'Atrium devait être le lieu de rassemblement de la famille; c'était là que l'on recevait les étrangers, les clients, que l'on faisait la conversation.

Dans un climat brûlant, il était nécessaire de préserver l'intérieur des appartements de l'extrême chaleur; aussi remarque-t-on le soin qu'on apportait à disposer des courants d'air frais, et à se préserver des rayons du soleil : le jour ne pénétrait que par une seule ouverture, ou à travers des portiques; souvent même, il ne pouvait s'introduire que par la porte : enfin, par un luxe de recherche dont on ne trouve d'exemples qu'en Italie, l'eau du bassin de l'Impluvium contribuait encore à entretenir la fraîcheur.

PLANCHE XLI.

Vue du Triclinium.

A gauche, autour du Monopodium, règne le banc ou siége du Triclinium, dont l'étendue est fixée par le premier des pilastres qui décorent le mur du Xiste. Le Xiste lui-même se termine aux colonnes du portique; on aperçoit,

MAISON DE SALLUSTE.

MAISON de SALLUSTE.

VUE DU TRICLINIUM.

MAISON DE SALLUSTE,
VUE RESTAURÉE DU TRICLINIUM.

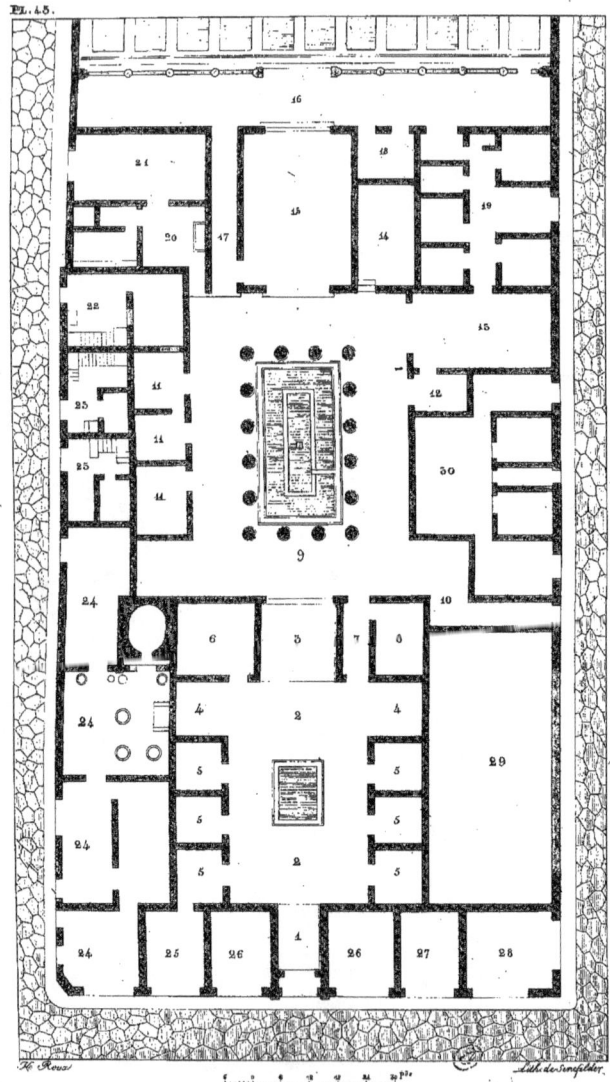

PLAN DE LA MAISON DE PANSA.

au pied de la première de ces colonnes, l'escalier qui communiquait de l'un à l'autre. Dans le fond se trouve le passage conduisant aux cuisines et au Posticum.

Les colonnes du portique sont peintes en bleu dans leur partie inférieure; et le chapiteau, d'un goût assez capricieux, est encore peint de diverses couleurs. L'arrachement du mur sur le premier plan formait l'angle du Portique : cette disposition, à laquelle nous n'avons pas eu égard dans la restauration ci-après, est probablement la suite d'un changement dans la destination de cette partie du Portique, et se lie peut-être à celui que nous avons déjà observé relativement aux deux petites pièces marquées 15 et 16 sur le plan.

PLANCHE XLII.

Vue restaurée du Triclinium.

Cette restauration donne l'idée la plus exacte de l'extrême élégance avec laquelle ce petit édifice était décoré. On a rétabli quelques peintures qui manquaient, mais comme celles qu'on a choisies pour les remplacer proviennent toutes de Pompéi, et en grande partie de la maison de Salluste, l'effet général devait être tel que ce dessin le représente.

PLANCHE XLIII.

Plan de la maison de Pansa.

Environnée de tous côtés par des rues, cette maison formait ce que les anciens appelaient une île. Il paraît cependant qu'elle n'était pas occupée par un seul personnage, ou du moins, si Pansa (comme on peut l'inférer de l'inscription placée sur un des jambages de la porte d'entrée) en était le propriétaire, il avait, outre des boutiques, mis en location diverses parties qui n'ont aucune communication avec l'intérieur.

La disposition générale est ici très régulière, la forme du terrain ayant permis à l'architecte de conserver intacte cette belle ligne sur laquelle se développent les diverses parties de l'habitation, et que l'œil, dès l'entrée, peut apercevoir d'un seul coup.

La rue sur laquelle se trouve l'entrée de l'habitation, aboutissant d'un côté à la porte de Nola, et de l'autre descendant au port, devait être une des principales et des plus commerçantes de Pompéi; aussi les boutiques y sont-elles multipliées plus que partout ailleurs : la façade de la maison de Pansa, à la réserve de l'espace strictement nécessaire pour l'entrée, est entièrement disposée pour le commerce.

1. Protyrum. C'était là que se tenait l'esclave commis à la garde de l'Atrium, Atriensis : il était ordinairement accompagné d'un chien ou au moins d'une peinture de cet animal avec ces mots : *Cave canem*, prenez garde au chien. L'inscription en mosaïque *salve* que l'on rencontre dans plusieurs maisons, se trouvait placée sur le seuil de la porte du Protyrum.

2. Atrium. La distribution en est absolument semblable à celle de l'Atrium de la maison de Salluste. Suivant Vitruve, le Cavædium doit avoir en longueur une fois et demie sa largeur; cette proportion se retrouve ici très exactement.

3. Tablinum.

4. Les ailes.

5. Diverses pièces du service.

6. Salle de réception des clients.

7. Fosses ou passage communiquant au Portique sans traverser le Tablinum.

8. Cabinet, peut-être une Pinacothéca.

9. Péristyle. Au milieu de l'espace découvert entouré des colonnes du Péristyle, se trouvait un bassin d'environ six pieds de profondeur dont toute la paroi intérieure était décorée de peintures représentant des roseaux; l'espèce de piédestal situé au centre supportait probablement une vasque d'où s'échappait un jet d'eau. Un petit conduit transversal amenait dans le bassin les eaux qui tombaient du toit dans la petite rigole pratiquée à cet effet au pied des colonnes.

10. Communication directe du Péristyle avec la rue; espèce de porte dérobée qui permettait de sortir des appartements inférieurs sans traverser la partie publique, et par conséquent de se soustraire aux sollicitations de la foule des clients rassemblés dans l'Atrium.

11. Diverses chambres à coucher; l'une d'elles avait une croisée donnant sur une petite cour.

12. Petite pièce précédant le Triclinium 13; elle servait peut-être d'office pour déposer les plats avant de les servir.

14. Lararium, ou plutôt Sacrarium, chapelle des dieux domestiques : le Lararium était ordinairement situé dans l'Atrium ; ce n'était quelquefois qu'une armoire où l'on renfermait les dieux lares.

EXPLICATION DES PLANCHES.

15. Grand Œcus, ou salle Cysicène destinée à la conversation, servant aussi quelquefois de Triclinium.

16. Portique extérieur régnant dans toute la longueur du jardin. Divisé en plates-bandes séparées par d'étroites allées, ce jardin n'était pas remarquable pas l'élégance de sa distribution, peut-être qu'il servait seulement à la culture des fleurs, et que Pansa en possédait, hors de la ville, de mieux distribués et plus étendus.

17. Passage conduisant du Péristyle au jardin; ce dégagement, indispensable pour le service intérieur, communiquait encore avec les cuisines et le Posticum.

18. Petite chambre ouvrant sur le Portique; cette situation et son exposition au nord font présumer que ce pouvait être une chambre à coucher d'été.

19. Toute cette partie de l'habitation ayant une entrée particulière sur la rue, était probablement louée; c'est à tort que l'on a marqué sur le plan une porte de communication avec la pièce 13, on aurait dû indiquer une brèche qui avait été pratiquée par la curiosité pendant les fouilles, afin de pénétrer plus tôt dans les pièces non déblayées.

20. Cuisine où se trouvait un petit massif à hauteur d'appui, avec des cases pour placer les vases qui contenaient l'huile.

21. Salle où se tenaient les esclaves. Cette pièce était toujours située près du Posticum ou sortie de derrière, afin que le service intérieur pût se faire sans traverser les appartements.

22. Boutique avec une petite cour particulière; les traces d'escalier que l'on y a découvertes ainsi que dans celles numérotées 23, prouvent que cette partie avait un second étage.

24. Les pièces comprises sous ce numéro formaient une boulangerie avec toutes ses dépendances; celle où se trouve le four contenait aussi les moulins à farine, le pétrin et différents vases en terre cuite, elle était pavée en lave. Au-dessus du four on aperçoit un phallus en relief peint en rouge, avec cette singulière inscription : *Hic habitat felicitas* (*Voy.* Pl. XLVII).

L'entrée publique de l'établissement se trouve du même côté que la porte principale de l'habitation du propriétaire, tout-à-fait à l'angle de la rue; c'est probablement dans cette pièce que le pain se distribuait.

25. Boutique communiquant avec l'Atrium; elle servait à vendre l'huile et le vin provenant des propriétés de Pansa : cette disposition est presque générale à Pompéi.

26, 27 et 28. Boutiques.

29. Ce grand espace n'étant pas entièrement déblayé, on ne peut savoir

quelle en pouvait être la destination; cependant tout fait présumer que ce devait être encore des boutiques.

Autour de cette maison régnaient des trottoirs dont la largeur n'excédait pas deux pieds, ils étaient pourtant indispensables dans des rues étroites qui, aux époques des pluies, devenaient autant de torrents; on avait le soin de les faire très élevés, et de placer de distance en distance des pierres en travers de la rue afin de pouvoir la traverser.

PLANCHE XLIV.

Vue de la porte d'entrée.

Au-dessus des pilastres corinthiens qui décorent la porte, se trouvait une corniche très saillante et d'un profil assez agréable; cette décoration, avec plus ou moins de richesse, existe à presque toutes les entrées des maisons de la ville. Les assises qui forment les pieds-droits sont en pierre et posées sans ciment. Sur le jambage gauche se trouve l'inscription suivante :

Pansam.   æd.
Paratus.   rog.

Pansam ædi, Paratus rogat ut faveat.

Si tel est le véritable sens de cette inscription, on peut présumer que Pansa était le propriétaire de la maison, et Paratus le locataire de la boutique voisine de l'inscription.

Les colonnes qu'on aperçoit dans le fond sont celles du Portique.

PLANCHE XLV.

Vue du Péristyle.

Formé de seize colonnes cannelées de quatorze pieds de haut, surmontées de chapiteaux ioniques, ce Péristyle devait produire un effet très imposant; on peut en juger par l'aspect que présente la ruine, et que cette planche retrace très fidèlement.

A gauche de la colonne, sur le premier plan, est une de ces margelles que

MAISON DE PANSA.

VUE DE LA PORTE D'ENTRÉE.

MAISON DE PANSA.

VUE DU PÉRISTYLE

MAISON DE PANSA.

RESTAURATION DE L'ATRIUM.

MAISON DE PANSA.
VUE DE LA BOULANGERIE.

l'on rencontre dans presque tous les Atrium, et par où l'on tirait l'eau de la citerne construite au-dessous de la cour. La porte que l'on voit au-dessus est celle du Lararium. Entre les deux colonnes à droite, on aperçoit le petit conduit qui versait les eaux de pluie dans le grand bassin.

PLANCHE XLVI.

Vue restaurée de l'Atrium.

A droite et à gauche sont les portes communiquant aux cellæ familiaricæ; les deux dernières, fermées par des rideaux, sont les ailes. Le Tablinum, fermé aussi par une espèce de rideau ou Aulæum, pouvait par ce moyen être séparé de l'Atrium. Au-delà du Tablinum on aperçoit les colonnes du Péristyle, et plus loin celles du Portique donnant sur le jardin.

Le petit autel près de l'Impluvium servait à poser les dieux lares.

Les statues placées devant les trumeaux représentent les Muses.

PLANCHE XLVII.

Vue de la Boulangerie.

Les moulins sur le premier plan sont en pierre volcanique noire grossièrement piquée; la partie supérieure, évidée en cône des deux côtés, était mobile et tournait sur la partie fixe, semblable à celle que l'on voit auprès. Ce mouvement s'exécutait au moyen d'un levier qu'on passait dans les entailles pratiquées sur le côté, et qu'on assujettissait avec une cheville dont on peut remarquer le trou sur la partie en saillie où se trouve l'entaille. Le grain se versait par le haut; la farine et le son reçus dans le bas, probablement dans une toile disposée à cet effet, étaient ensuite blutés par des machines analogues à celles dont nous nous servons, mais qui ont été entièrement détruites.

Le four construit en briques est disposé comme ceux de nos boulangeries; au-dessus se trouvent le petit bas-relief et l'inscription ci-dessus décrits.

Parmi les divers objets découverts dans les fouilles d'Herculanum, et conservés au Musée Royal de Portici, on remarque un pain rond de huit pouces de diamètre, avec cette marque :

Siligo. Cranii
E. Cicer.

Cranii, était peut-être le nom du boulanger, *Siligo* annonce que le pain était fait d'une farine très blanche de première qualité, quoique le mot *cicer* indique qu'il devait s'y trouver un mélange de pois ou de vesce.

PLANCHE XLVIII.

Plan de la maison de Championnet.

La maison que nous allons décrire et celle qui lui est adjacente (*Voyez le plan général*) ont été découvertes par les soins du général Championnet, lors de la première occupation de l'Italie par l'armée française, en 1799. Elle n'est connue à Pompéi même que sous la dénomination de « *Casa di Campionnet.* »

1. Protyrum.
2. Atrium tétrastyle avec son Impluvium en marbre et un puits, 3, dont on peut voir le détail à la planche LI.

Les colonnes qui supportent les angles du Compluvium sont simplement posées sur le sol, et la mosaïque qui règne dans les entre-colonnements n'est pas interrompue. Cette singularité, qui n'est pas sans exemple, pourrait faire présumer que les colonnes ont été placées après coup, puisqu'on ne retrouve pas le massif qui devait les soutenir. Cette présomption toutefois se trouve affaiblie par l'observation de dispositions tout-à-fait semblables au temple de Serapis à Pouzzoles, et dans le petit temple d'Esculape à Pompéi.

4. Petites pièces remplaçant celles disposées ordinairement des deux côtés de l'Atrium.
5. Triclinium.
6. Salle pour la réception des clients, ou la conversation.
7. Espèce d'office où l'on plaçait les vases sacrés.
8. Mesauleon, petite cour isolant cette maison de l'habitation voisine et formant une espèce de corridor pour le service des esclaves.
9. Tablinum.
10. Fosses pour la communication du Péristyle avec l'Atrium.

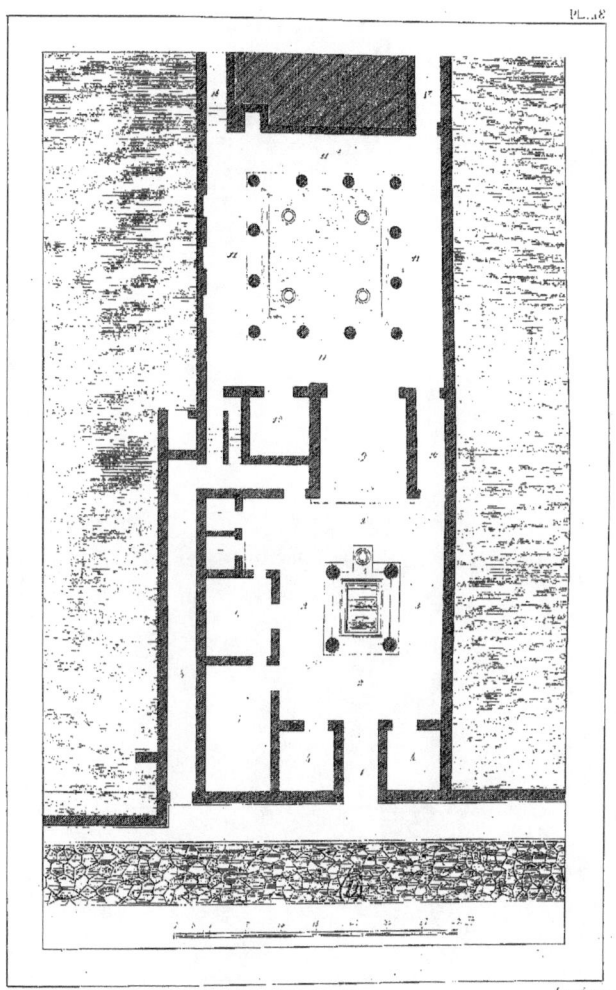

PLAN DE LA MAISON DE CHAMPIONNET.

MAISON DE CHAMPIONNET.
VUE DE L'ATRIUM.

11. Péristyle.
12. Cubiculum ou chambre à coucher.

Sous le Péristyle se trouvent des pièces voûtées éclairées par des soupiraux, (*voir la coupe planche* LI), elles servaient probablement de cuisine, d'office et de logement pour les esclaves; on y parvenait au moyen de l'escalier adossé à la chambre à coucher et qui avait son arrivée sur le Mesauleon; de cette manière tout le service intérieur pouvait être fait sans traverser ni l'Atrium ni le Péristyle.

Précisément sous la chambre à coucher, et à mi-étage du sol des pièces souterraines, se trouve une chambre entièrement décorée de peintures très élégantes. Le plafond était en bois, et le plancher recouvert en mosaïque; le jour n'y pénétrait que par un soupirail. Il serait curieux de connaître l'usage d'un réduit aussi sombre et si richement orné.

Dans l'espace découvert compris entre les colonnes du Péristyle, on avait pratiqué une espèce de parterre; on peut voir dans la coupe comment était disposée la terre nécessaire à la culture des fleurs.

13 et 14. Passage et escalier conduisant à des terrasses à plusieurs étages qui donnaient sur le port; la mer, maintenant éloignée de deux milles, se trouvait autrefois presqu'au pied des murailles méridionales de la ville, et l'on ne devait pas avoir négligé de pratiquer des terrasses aux maisons situées de ce côté, d'où l'on découvrait presque toute l'étendue du golfe de Naples.

PLANCHE XLIX.

Vue de l'Atrium de la maison de Championnet.

Cette vue est prise du côté opposé à l'entrée. Les colonnes qui supportaient le toit, sont construites en briques recouvertes de stuc. L'ornement qui entoure le bassin de l'Impluvium était en mosaïque nuancée de diverses couleurs, d'un effet très agréable.

Les deux portes à droite, précédées de deux marches, sont celles des pièces numérotées 7 sur le plan.

Les enduits employés pour le revêtement des colonnes permettaient d'en changer avec trop de facilité la forme et même l'ordre; on rencontre souvent sous le feuillage du chapiteau corinthien le profil de l'ordre dorique : cette observation, que l'on a été à même de vérifier souvent, s'applique particulièrement à cette habitation.

PLANCHE L.

Le point de vue de cette restauration est pris sous le Protyrum. La salle où se trouve la statue est le Tablinum, au travers duquel on aperçoit les colonnes du Portique; la porte à gauche est celle du Triclinium. On peut voir à la planche suivante, le détail du chéneau qui bordait le toit du Compluvium.

Les grandes tuiles ou *Tegulæ colliquiares*, qui ornaient les angles du Compluvium et recevaient les eaux des noues, ont été oubliées dans la gravure.

PLANCHE LI.

Coupe et détails de la maison de Championnet.

1. Coupe présentant l'état actuel; en comparant le plan et la vue avec cette coupe, on peut remarquer que la restauration que nous avons donnée ne présente rien de hasardé; les peintures même sont fidèles et proviennent soit de la maison même, soit d'autres habitations dans lesquelles elles se trouvent employées de la même manière.

L'échelle est la même que celle du plan.

2. Puits placé dans l'Atrium. Au quinzième de l'exécution.

3 et 4. Plastiques, ou terre cuite revêtue de stuc, qui décorent le pourtour du Compluvium.

PLANCHE LII.

Plan général de la maison de campagne.

Lorsque les diverses routes qui conduisaient à Pompéi seront déblayées, on découvrira probablement et des tombeaux et des habitations semblables à celle-ci. On connaît la passion des anciens pour les maisons de campagne. Les riches patriciens de Rome non contents d'en posséder auprès de la reine

MAISON DE CHAMPIONNET.
VUE RESTAURÉE DE L'ATRIUM

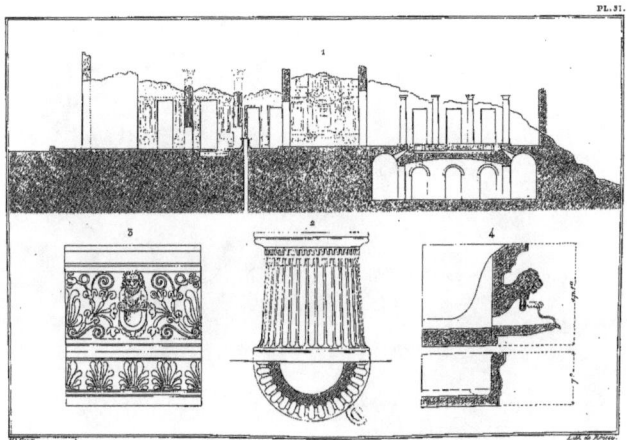

MAISON DE CHAMPIONNET.
Coupe générale et détails.

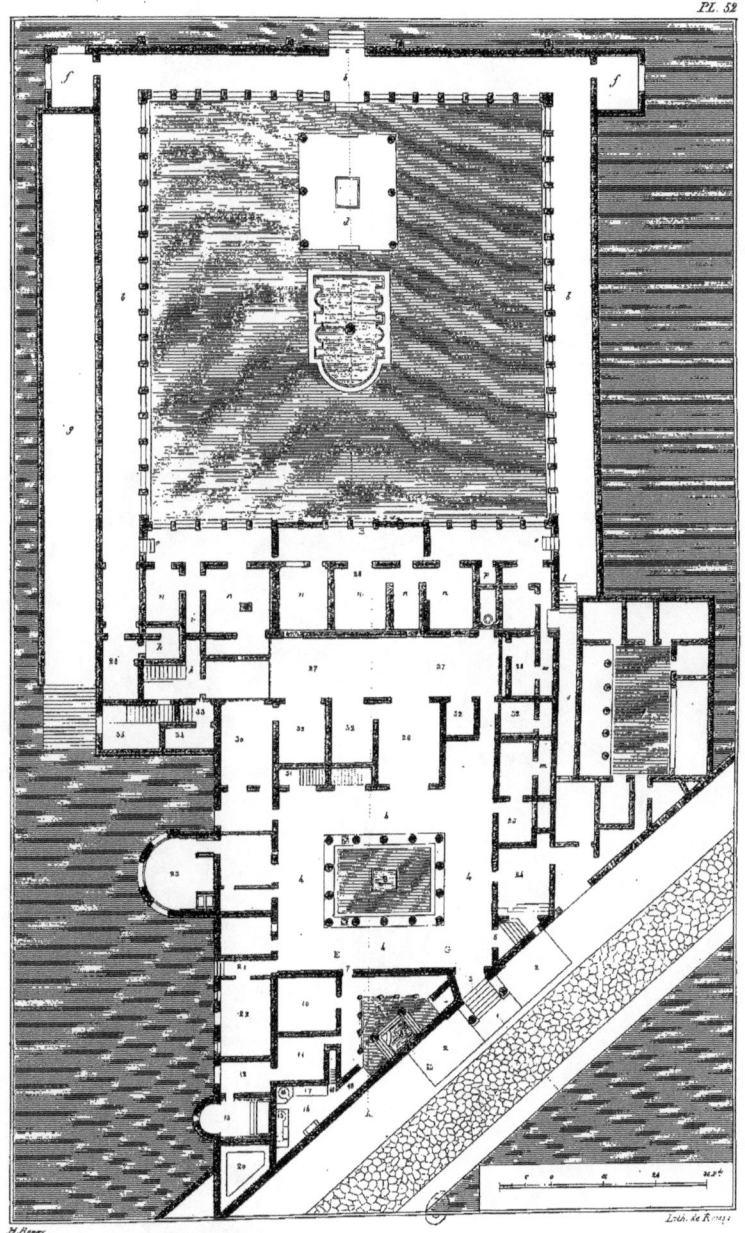

PLAN DE LA MAISON DE CAMPAGNE.

des cités voulaient encore en avoir dans diverses provinces de l'empire. Cicéron parle de sa maison auprès de Pompéi; on s'est empressé, d'après ce léger indice, d'imposer à cette habitation le nom de Villa de Cicéron. D'autres auteurs l'ont désignée comme ayant dû appartenir à Arrius Diomèdes, qui fut un des principaux magistrats de Pompéi; la situation des tombeaux de la famille Arria, presque en face de l'entrée principale, leur a paru un motif suffisant pour faire de Diomèdes l'heureux possesseur de cette charmante habitation. Sans avoir la prétention de retrouver le nom de son véritable maître, nous allons nous occuper de la décrire, en lui conservant le nom sous lequel elle est le plus généralement connue, *la maison de campagne*.

Située sur la route d'Herculanum, à cent toises environ de la porte, cette habitation était distribuée à la fois de la manière la plus somptueuse et la plus commode, et embellie de tout ce que la peinture pouvait avoir de plus gracieux. Autour des jardins dont elle était ornée régnaient des portiques supportant des terrasses. Assez vaste, quoique d'une étendue médiocre relativement aux immenses *villa* des environs de Rome, elle est un des plus précieux monuments que présente Pompéi: l'événement dont elle fut le théâtre au moment de la catastrophe qui détruisit la ville (*notice historique*, page 22) ajoute encore à l'intérêt qu'on éprouve en la parcourant.

En jetant les yeux sur le plan, on est surpris de la direction excessivement oblique de l'axe sur la route. Aucune exigence de mitoyenneté ne motivant cette disposition, il faut la rapporter à quelque raison de convenance; peut-être l'entrée qui est aujourd'hui sur la campagne se trouvait-elle autrefois sur un alignement public; peut-être aussi la seule idée de jouir plus facilement de la vue du golfe a-t-elle suffi pour la faire adopter. En effet rien n'égale l'admirable perspective que l'on découvre des terrasses; l'œil embrasse presque tout le littoral, depuis l'île d'Ischia jusqu'à celle de Caprée. On peut encore présumer avec quelque raison que la nécessité de placer diverses pièces dans une exposition que l'usage rendait invariable, a pu faire adopter ce parti.

Les différences de sol que la position de cette maison sur un terrain en pente a nécessitées sont indiquées sur le plan par des teintes plus ou moins foncées (1).

Le Péristyle, ainsi que toutes les pièces qui l'entourent et forment l'ha-

---

(1) Afin de faire distinguer plus facilement encore les pièces situées au sol du péristyle de celles au niveau du Xyste, on a réservé pour les premières les numéros en chiffres arabes, les secondes sont désignées par des lettres.

bitation proprement dite, est élevé de cinq pieds au-dessus du sol de la rue; on y parvient par une espèce de perron 1, orné de deux colonnes; deux rampes douces 2, unissaient le perron avec le large trottoir qui borde la voie. La disposition de l'entrée, régulière du côté de la rue, ne s'ajustait pas aussi bien à l'intérieur, et produisait une espèce de Protyrum 3, ouvrant d'une façon peu agréable dans un des angles du Péristyle 4; à droite se trouve un escalier 5, conduisant à un étage souterrain où étaient placées les cuisines, la boulangerie et le logement des esclaves.

Au milieu de la cour du Péristyle ornée de quatorze colonnes, d'ordre dorique, cannelées dans les deux tiers de leur hauteur, était un bassin 6, qui recevait les eaux du toit et les conduisait dans une citerne située sous la cour; on les en tirait par deux puits placés entre les colonnes.

7. Entrée de plusieurs petites pièces dont l'ensemble forme un appartement consacré aux bains de toute espèce; on sait quel luxe les anciens apportaient dans tout ce qui concerne cet usage si nécessaire aux peuples du Midi; sans parler du grand nombre de bains publics qui portaient les noms des Empereurs qui les avaient fait élever, plusieurs particuliers à Rome en possédaient de très vastes où ils déployaient un luxe proportionné à leurs immenses richesses. Si les bains de la maison de campagne le cèdent en grandeur aux vastes établissements des empereurs, ils offrent en petit une magnificence au moins égale, et leur parfaite conservation en rend la découverte très précieuse et la description très intéressante.

8. Cour triangulaire entourée d'un Portique, dont les colonnes étaient octogones. Il était difficile de tirer un parti plus avantageux d'un terrain si irrégulier, et l'on ne peut assez admirer l'adresse avec laquelle l'architecte a su l'utiliser. Au fond de cette cour, adossé au mur de la rue est un petit bassin 9 dont le pourtour est dallé en marbre. Il était couvert par un toit décoré d'un fronton et supporté par deux colonnes; il est facile de juger de la forme du toit par les trous des scellements des bois (*Voyez* planche 58); on descendait dans le bassin par des marches pratiquées dans un des angles, l'eau s'écoulait dans la rue par un petit conduit (*Voyez* la coupe, pl. 54).

10. Salle où l'on quittait ses vêtements avant de prendre le bain.

11 et 12. Pièces où l'on entretenait une chaleur à différents degrés, afin qu'il n'y eût pas une transition trop subite du froid au chaud lorsque l'on passait dans l'étuve.

13. Salle du bain chaud, elle était disposée de la manière la plus favorable au développement de la chaleur. Le sol, ainsi que les parois intérieures, était entièrement isolé et formait une espèce de coffre qui permettait à la

EXPLICATION DES PLANCHES. 83

chaleur de pénétrer, pour ainsi dire, par tous les points de la surface de la chambre : au mur du fond, en face de la partie circulaire où se trouvait une petite croisée, était adossée une baignoire revêtue en marbre.

14. Pièce où se trouvait l'appareil nécessaire pour chauffer l'eau et l'étuve.
15. Fourneau de l'étuve.
16. Autre fourneau pour chauffer l'eau.
17. Petit réservoir d'eau froide.
18. Naissance d'un petit escalier.
19. Corridor pour le service. Le grand bassin 20 placé à proximité des fourneaux fait présumer que l'eau était amenée par des conduits soit dans les baignoires, soit dans les chaudières.

Toutes ces pièces étaient décorées de peintures qui subsistent encore en grande partie.

Autour du Péristyle sont disposées les différentes pièces formant la partie privée de l'habitation. La partie publique, l'Atrium ou ce qui, dans les maisons hors de la ville, en tenait lieu, était disposée de manière à ce qu'on y parvînt également en traversant le Xyste ou le Péristyle.

21. Dégagement donnant sur des jardins; la pièce à côté 22 devait être une espèce de vestibule ou pièce d'attente.
23. Chambre à coucher semi-circulaire précédée d'une antichambre et d'un petit réduit pour un esclave; elle était éclairée sur le jardin par trois croisées; le cabinet à droite de l'alcove était rempli par un petit coffre en maçonnerie qui probablement servait pour la toilette : on y a trouvé plusieurs vases.
24. Pièce communiquant à une partie de l'habitation où devaient se trouver la cuisine et ses dépendances.
25. Petite chambre à coucher.
26. Espèce de Tablinum ouvert d'un côté sur le Péristyle et de l'autre sur une longue galerie 27; aux deux extrémités de cette galerie se trouvent deux cabinets 28 éclairés sur les terrasses. La galerie elle-même avait quatre portes ouvrant de plain-pied sur la terrasse.

La pièce 29 est un grand œcus du genre de ceux appelés cysicènes, elle est exposée à l'ouest, et non pas au nord ainsi que l'indique Vitruve, mais cette condition, ajoute le même auteur, n'était pas indispensable.

30. Triclinium.
31. Escalier conduisant aux étages supérieurs.
32. Sous ce numéro nous avons compris diverses pièces dont il est impossible d'assigner la destination; une habitation aussi importante devait réunir tout ce qui entrait dans le plan le plus complet. Mais, comme il n'existe nul

indice qui puisse servir à les reconnaître, nous avons préféré nous abstenir de conjectures trop hasardées.

L'escalier dont la naissance se trouve dans une petite pièce 33 qui ouvrait sur la galerie 27 établissait pour les maîtres une communication à couvert par les portiques du Xyste, depuis la porte donnant sur la campagne jusqu'au Péristyle. L'esclave chargé de la garde de cette partie de l'habitation se tenait dans le petit réduit 34, la pièce 35 est presque totalement ruinée.

Les esclaves et les gens de service avaient dans la partie opposée une communication semblable qui, partant de l'entrée sur la voie, communiquait à l'escalier marqué 5, suivait un long corridor en pente (m), passait sous les pièces 24, 25. . . . 28, et aboutissait au-dehors par la galerie au niveau du Xyste.

Il paraît qu'un des principaux besoins d'une maison tant soit peu considérable à Pompéi était cette facilité de communication et surtout la distinction parfaite de celles nécessaires aux esclaves pour les différents services.

Le Xyste ou jardin a, d'une étendue peu considérable (environ vingt-cinq perches), était entouré de portiques b, les pilastres supportaient une architrave surmontée d'une corniche : sous les deux portiques latéraux et celui donnant sur la campagne régnait une galerie souterraine et voûtée dans laquelle on a trouvé un grand nombre d'amphores (1).

Le sol des galeries supérieures était élevé de trois pieds au-dessus du jardin, à l'exception de la partie où se trouvent les grandes terrasses et la salle cisysène; cette différence de hauteur avait donné la faculté d'éclairer la galerie souterraine par des petits jours en forme de soupiraux.

c. Bassin au centre du Xyste avec un jet d'eau. Il est difficile de reconnaître l'usage des espèces de niches placées sur les côtés, elles étaient probablement décorées de cuves et de balustrades en marbre pareilles à celles que l'on voit représentées dans la peinture d'un bassin entièrement semblable à celui-ci.

d. Espace élevé de deux marches au-dessus du sol; les entrecolonnements, trop larges pour avoir été unis par des plates-bandes, devaient porter des traverses en bois pour recevoir un treillage.

e. Sortie sur la campagne.

f. Cabinets dont la destination est inconnue; leur situation à l'extrémité des

---

(1) Plusieurs contenaient une certaine matière que l'on a reconnue ne pouvoir provenir que du vin qui y avait été enfermé.

MAISON DE CAMPAGNE.
VUE GÉNÉRALE.

galeries, à l'endroit le plus rapproché du bord de la mer, offrait le point le plus favorable pour jouir de la vue du golfe.

g. Cette espèce de longue cour étroite adossée au mur du portique du côté du midi, communiquait, au moyen d'un large perron, avec le jardin supérieur où l'on parvient du péristyle par le petit couloir marqué 21.

h. Petit réduit auprès de l'escalier 33, servant au logement de l'esclave préposé à la surveillance des portiques.

i. Corridor desservant un escalier *k*, qui conduit à la galerie souterraine du côté du midi. La galerie nord communiquait avec l'intérieur par l'escalier *l* qui arrivait à la fois à l'extrémité d'un corridor consacré au service des esclaves, et dans une petite cour (*s*) dont il sera parlé ci-après.

m. Corridor pour le service des esclaves.

n. Différentes pièces éclairées sur la galerie; elles étaient décorées de peintures, mais leur destination est ignorée.

o. Petits escaliers rachetant la différence de niveau des portiques latéraux avec celui occidental.

p. Fontaine, derrière se trouvait un réservoir où se rassemblaient peut-être les eaux des terrasses.

q. Bâtiments de dépendance avec une entrée particulière sur la rue et isolés de l'habitation principale par un mesauleon ou petite cour *s*. L'état de ruine dans lequel ils se trouvent rend toute explication impossible.

L'inspection attentive du plan et de la coupe donnée à la planche 54 achevera d'éclaircir tout ce que cette description pourrait avoir d'incomplet. La multiplicité des pièces et surtout l'état peu avancé de nos connaissances sur les usages de la vie privée des anciens, rendent nécessairement hasardées certaines suppositions, mais en ne les donnant que pour telles nous laissons au lecteur le soin de rectifier ce qu'elles peuvent avoir d'inexact.

PLANCHE LIII.

Vue générale de la maison de campagne.

Cette vue est prise derrière le mur de la galerie occidentale, on aperçoit à droite la porte d'entrée donnant sur le Xyste, la petite treille et le bassin. La galerie à gauche est presque entièrement détruite et laisse apercevoir les restes des bâtiments de dépendance marqués *q* sur le plan.

Les espèces de contreforts qu'on remarque à la galerie qui occupe le fond sont de construction nouvelle, et ont été placés à l'époque des premières fouilles; depuis on a été forcé d'étayer de la même manière le portique à gauche.

PLANCHE LIV et LV.

Coupe générale de la maison de campagne.

1. Coupe suivant l'axe indiqué sur le plan par les lettres A, B, C. Les petites colones que l'on aperçoit à gauche appartiennent au portique de la cour des bains; les arrachements de mur au-dessus sont ceux d'un petit étage supérieur où conduisait l'escalier (18) renfermé dans l'intérieur de l'appartement des bains; la porte tout-à-fait dans l'angle gauche, sous le Péristyle, conduit au dehors dans les jardins, celle du milieu ouvre sur l'antichambre de la salle semi-circulaire ou chambre à coucher; viennent en suite le Tablinum, la galerie, la grande salle cysicène au-dessous de laquelle commencent les étages souterrains; les marches que l'on voit devant la porte qui communique au portique du Xyste indiquent la différence du sol entre la galerie qui se trouve dans l'axe de la coupe et celles latérales.

Le réservoir qui alimentait le jet d'eau du bassin situé au milieu du Xyste se trouvait probablement dans quelque pièce au niveau des terrasses, mais aucune trace ne l'indique.

La petite treille, située tout auprès de l'espèce de piscine qui décore le centre du Xyste, offrait, dans l'été, un lieu de repos extrêmement agréable; la brise de la mer et l'eau du bassin devaient y entretenir une fraîcheur délicieuse; genre de volupté très estimé des Anciens et dont les Napolitains ne se montrent pas moins avides.

Au-dessous du portique qui termine le Xyste et l'habitation on voit la coupe des galeries souterraines qui régnaient sur les trois côtés. C'est dans ces galeries, à l'endroit marqué *t* sur le plan, que furent trouvés les squelettes des dix-sept personnes dont nous avons raconté la mort dans la notice historique.

2 Coupe du Portique des bains, suivant la ligne D E.

Le toit qui couvre la baignoire a été restauré d'après les indications encore existantes des scellements des bois.

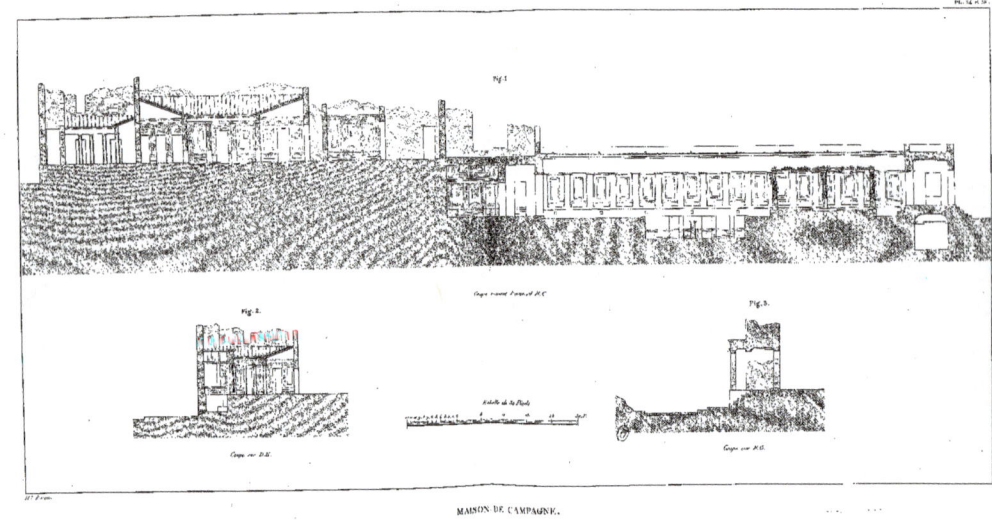

MAISON DE CAMPAGNE.

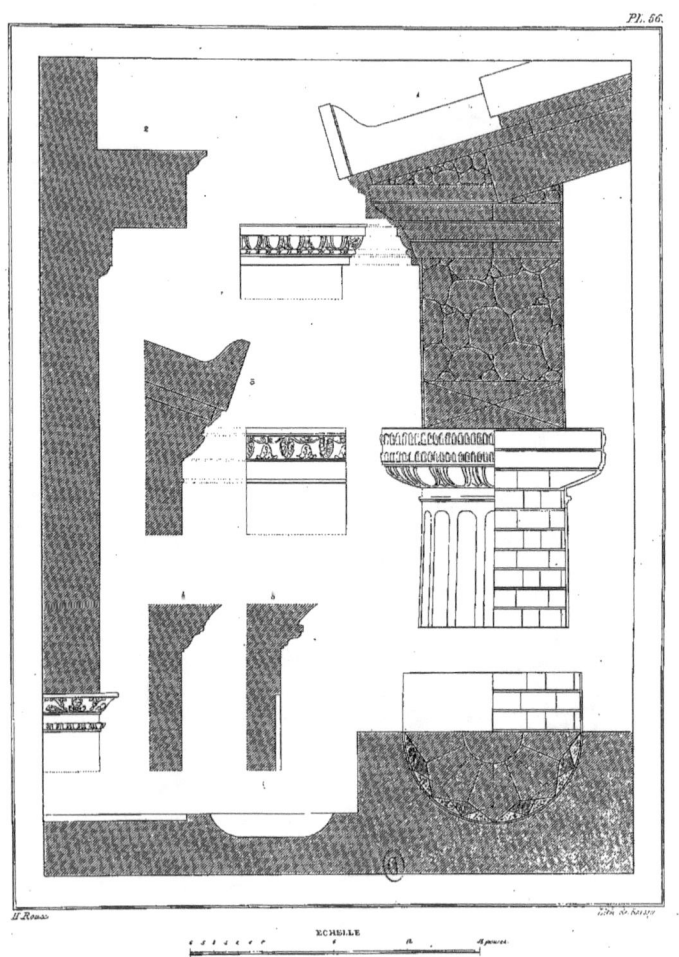

MAISON DE CAMPAGNE

Détails.

MAISON DE CAMPAGNE.

VUE RESTAURÉE D'UNE SALLE SOUS LE PORTIQUE.

MAISON DE CAMPAGNE.
SALLE DE BAIN TRIANGULAIRE

MAISON DE CAMPAGNE.

VUE RESTAURÉE DU PETIT BAIN

EXPLICATION DES PLANCHES.

3 Coupe suivant F G.

La direction de l'entrée n'ayant pas permis d'y faire passer l'axe générale de la coupe, nous avons cru devoir rétablir ici cette partie qui la complète.

PLANCHE LVI.

Maison de campagne.— Détails.

1 Profil de l'entablement de l'ordre du Péristyle; toute cette construction était en briques revêtues en stuc, la partie inférieure de la colonne est peinte en rouge.

2 Couronnement des Portiques latéraux du Xyste; les ornements du chapiteau sont en stuc colorié.

3 Corniche du portique de la petite cour des bains.

4 et 5 Moulures recevant la naissance des voûtes; la première appartient à la salle souterraine à travers laquelle passe l'axe de la coupe, la seconde provient des galeries au-dessous des Portiques qui entourent le Xyste.

PLANCHE LVII.

Vue restaurée d'une salle sous les portiques du Xyste.

La salle dont cette planche offre la restauration est située sous le grand œcus. On peut juger par ce dessin, où, à l'exception des deux statues qui décorent le petit mur d'appui, rien n'est d'invention, de la richesse extrême des peintures de la maison de campagne; malheureusement, l'humidité se joignant ici aux autres causes de destruction, menace d'effacer bientôt et entièrement ces restes si gracieux, ces modèles si délicats de décorations d'intérieur.

PLANCHE LVIII et LIX.

Vues de la salle de bains.

La première de ces planches donne l'état actuel où se trouve le portique des bains, la seconde en est la restauration; la singularité du plan produit

88 EXPLICATION DES PLANCHES.

dans le dessin perspectif l'effet le plus piquant et donne à cette salle, extrêmement petite, une apparence de grandeur que les peintures disposées avec art augmentent encore; malheureusement le temps les efface chaque jour, et maintenant pour en distinguer les traces il faut mouiller les murs; ce moyen répété si souvent n'a pas peu contribué à leur destruction.

En terminant cette partie nous ne pouvons nous empêcher de regretter que les bornes de notre ouvrage nous privent du plaisir d'offrir à nos lecteurs un plus grand nombre des habitations de Pompéi. Parmi celles que nous ne pouvons faire connaître, il en est qui ne le cèdent que très peu en grandeur et en intérêt aux exemples que nous avons choisis; plusieurs, dont la découverte est récente, auraient pu fournir un nouvel aliment à la curiosité; mais nous nous sommes imposé des limites que nous ne pouvons dépasser.

TROISIÈME PARTIE.

MONUMENTS PUBLICS ET TEMPLES.

C'est par la connaissance des monuments antiques, qui se lie intimement à l'étude de l'histoire, qu'on est parvenu à découvrir des faits et des usages que toute la sagacité des commentateurs n'aurait pu tirer de l'oubli. Rien, dans cette étude, n'est à négliger; la fresque la plus insignifiante au premier coup-d'œil, en l'examinant avec plus d'attention, conduit souvent à une découverte précieuse; des bas-reliefs, de simples vases ont donné sur les mœurs des anciens des connaissances qu'on cherchait vainement dans les auteurs, et souvent des passages obscurs de ces mêmes auteurs ont été éclaircis par les monuments.

Sous ce rapport, les ruines de Pompéi sont du plus haut intérêt; l'examen rapide que nous venons de faire des habitations particulières, nous a révélé une partie des usages de la vie privée des anciens peuples de l'Italie. En examinant les Temples, les Théâtres, la Basilique, le Forum, et tant d'autres édifices, nous pourrons y puiser des notions sur leurs usages dans la vie publique.

S'il est certain que les ruines des monuments de la Grèce, de la Sicile, de Rome et de tant d'autres lieux célèbres, nous ont mis à même d'étudier séparément les édifices publics des anciens; si les monuments épars de ces contrées offrent même plus de grandeur, de magnificence et de pureté dans leur architecture, ces avantages sont bien contrebalancés à Pompéi par une plus belle conservation des édifices, leur réunion en un seul lieu, et surtout par cet ensemble qui nous permet de juger de la disposition générale d'un Forum avec tous les monuments qui devaient l'entourer; de celles d'un Amphithéâtre et des théâtres de tout genre, avec les accessoires qui devaient les accompagner. Bien que les édifices de Pompéi soient conçus sur une échelle beaucoup plus petite que ceux d'une même destination, dont les ruines couvrent le sol de l'Italie, on doit néanmoins reconnaître dans ces édifices le même sentiment de grandeur qui se fait remarquer dans les constructions de Rome et des autres grandes cités de l'antiquité.

L'érection des monuments d'un intérêt général était toujours soumise à la surveillance des Édiles ou des magistrats municipaux, soit qu'ils fussent construits aux frais de la ville, aux frais des particuliers ou des corporations; les entrepreneurs devaient se conformer aux règlements que les préteurs prescrivaient successivement dans leurs édits.

Du reste, ces travaux s'adjugeaient à la criée et au rabais, et l'adjudicataire était tenu de fournir un cautionnement; précaution nécessaire pour obvier aux graves inconvénients de ce mode d'adjudication, auquel les modernes cherchent à remédier par les mêmes moyens, sans pouvoir toujours en éviter les funestes effets.

VUE RESTAURÉE DU TEMPLE DE BACCHUS.

VUE DU FORUM.

EXPLICATION DES PLANCHES

DE LA

TROISIÈME PARTIE.

PLANCHE LX.

Frontispice.

Le sujet de ce frontispice est la vue du temple de Bacchus, marqué D sur le plan général.

Cette vue est prise sous le péristyle, en face de l'entrée de la Cella; à travers les entre-colonnements du temple, se voient les colonnes du *Péribole*, au-dessus desquelles on aperçoit, sur la droite, le temple de Jupiter élevé à l'extrémité du Forum.

Les accessoires qui forment l'encadrement sont composés de boucliers et de plusieurs instruments de sacrifice, tirés de divers fragments de sculpture et de peinture. La partie inférieure fait voir le couronnement du *Pulvinar* élevé au-devant du temple d'Esculape dont le plan et la vue restaurés sont représentés sur les planches LXXXVI et LXXXVII.

PLANCHE LXI.

Première vue du Forum.

Cette vue offre la partie sud du Forum : au milieu est un petit arc de triomphe; les piédestaux à droite et à gauche, et celui qui est en face de l'arc supportaient des statues équestres ou des groupes; d'autres piédestaux plus petits, et probablement destinés à recevoir les statues des personnages auxquels les *Décurions* avaient décerné cet honneur, étaient distribués sur les deux longues faces du Forum.

Les portes qu'on aperçoit dans le fond sont celles des trois monuments désignés par les lettres F,F,F, sur le plan général. La Basilique occupe la droite, et dans le lointain se voit la chaîne des monts *Lactarius*, qui s'étend jusqu'au promontoire de Sorrente.

EXPLICATION DES PLANCHES.

PLANCHE LXII.

Deuxième vue du Forum.

Elle présente la même extrémité sud du Forum, mais vue de l'autre côté ; le spectateur est placé au sommet de l'escalier qui conduisait au portique supérieur de la Basilique.

La partie de mur décorée de petits encadrements, de pilastres et de frontons, que l'on aperçoit dans le fond, occupe l'entrée de la rue qui conduisait aux théâtres. Cette décoration, répétée dans toute la longueur du mur latéral H du monument marqué G sur le plan général, formait un *Album*, c'est-à-dire, un des endroits de la ville où l'on affichait les annonces de toute nature. Les inscriptions y étaient peintes en rouge et en noir ; on n'en retrouve plus que des traces illisibles.

PLANCHE LXIII.

Vue restaurée du Forum.

La vue est prise en face de l'extrémité sud du Forum. Dans le fond, au-dessus du portique qui entourait le Forum, on aperçoit les trois monuments dont on voit les ruines planche LXI, et à droite le fronton de la Basilique.

Toutes les figures placées sur les piédestaux ont été restituées d'après des peintures trouvées à Pompéi et à Herculanum, dont une entre autres représentait une place publique.

Cette restauration fait partie de l'ouvrage anglais ; elle est exacte quant à la reproduction du plan et des ruines encore en place : à l'égard des élévations, elle laisse beaucoup à désirer, tant sous le rapport du caractère de l'architecture que sous celui d'une stricte application des nombreux renseignements que les ruines des édifices du Forum pouvaient présenter.

PLANCHE LXIV.

Plan du temple de Jupiter.

L'importance que donnent à ce temple, élevé à l'une des extrémités du Forum, sa grandeur et sa situation, lui a valu probablement la dénomination sous laquelle il est connu : néanmoins aucun indice certain n'a jusqu'ici at-

VUE DU FORUM.

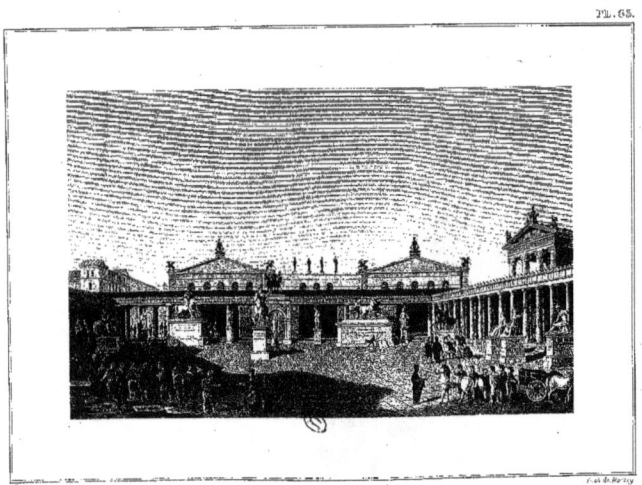

FORUM
VUE RESTAURÉE.

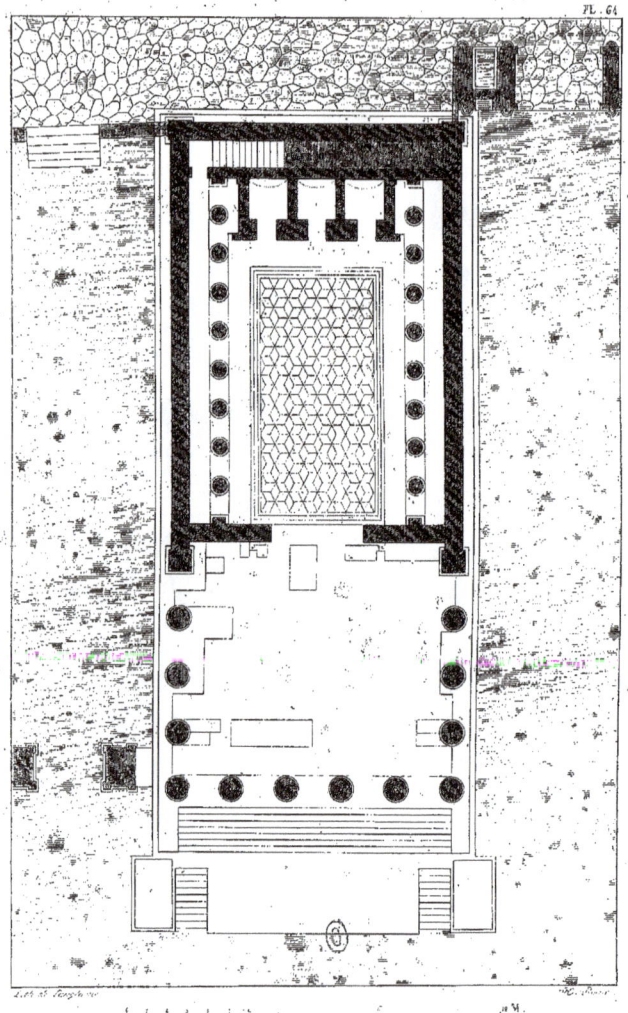

PLAN DU TEMPLE DE JUPITER.

EXPLICATION DES PLANCHES.

testé qu'il fût consacré au plus puissant des dieux (1); et sans admettre, ainsi que l'auteur anglais, l'hypothèse qui fait de ce monument le *Senaculum* de Pompéi, nous croyons devoir donner la traduction du passage où il en parle.

« Le sénat de Rome, pour rendre les délibérations plus solennelles, ne pouvait
« s'assembler que dans un temple ou un lieu sacré, et chaque sénateur, avant
« de prendre place, faisait une offrande sur l'autel du dieu qu'on y adorait.
« Les *Décurions* des colonies, ayant dans leurs municipalités les mêmes privi-
« léges que les sénateurs à Rome, devaient mettre dans leurs délibérations la
« même solennité, et choisir également, pour le lieu de leur réunion, ou un
« temple, ou tout autre monument religieux. En admettant cette opinion comme
« probable, on peut supposer que le monument qui nous occupe était le *Se-*
« *naculum* de Pompéi, les trois cellules situées au fond de l'édifice, le dépôt
« des archives et la plate-forme en avant du portique, le *Pulpitum* ou la tri-
« bune aux harangues. »

On montait au temple par deux perrons de neuf degrés, séparés par une vaste plate-forme, à partir de laquelle les marches occupent toute la largeur du péristyle, dont le sol était recouvert de dalles de marbre d'une grande dimension; celles de ces dalles qui sont encore en place sont indiquées sur le plan. Un pavé de marbre, entouré d'une bordure en mosaïque, couvrait l'aire de la *cella*, dans laquelle régnaient de chaque côté de l'intérieur deux rangées de colonnes d'ordre ionique; ces colonnes devaient supporter un second ordre disposé en galeries, et propre à racheter la hauteur des colonnes du portique extérieur. En considérant que ces galeries ne pouvaient avoir que trois pieds environ de profondeur, on doit supposer qu'un espace aussi étroit, auquel on parvenait par un escalier non moins étroit, était peu convenable pour recevoir le public.

Les trois petites pièces voûtées, situées au fond du temple, peuvent aussi avoir été destinées à renfermer les vases précieux, les ornements ou autres objets sacrés nécessaires au culte, et avoir servi d'*Opisthodomes* ou de trésors qui formaient une partie si essentielle des temples antiques.

Tout le monument reposait sur un stylobate élevé de 9 à 10 pieds et revêtu de stuc.

---

(1) Lors des fouilles, on a trouvé, dans l'enceinte du temple, la tête, le torse, deux pieds chaussés de sandales, d'une statue deux fois grande comme nature. Ces fragments n'ayant donné aucune solution certaine sur la destination du monument, il est à craindre qu'elle ne reste longtemps encore un problème.

EXPLICATION DES PLANCHES.

PLANCHE LXV.

Temple de Jupiter, coupe et détails.

Les figures 1 et 2 présentent la coupe et l'élévation des ruines dans leur état actuel.

La figure 3 offre le détail des ornements en stuc colorié qui décoraient l'intérieur. Les grandes et les petites tables dans la partie supérieure sont en rouge tirant un peu sur le brun; les bandes de séparation sont peintes en marbre sur fond jaune encadré de vert; les compartiments horizontaux à partir de la grecque qui est colorée de jaune, de bleu et de rouge, sont alternativement verts et bruns; tout le soubassement est peint en noir avec des filets blancs; les fleurs, également coloriées en blanc, se détachent sur des fonds bleus et jaunes.

Figure 4. Chapiteau et base de l'ordre ionique de l'intérieur de la *cella*.

PLANCHE LXVI.

Temple de Jupiter, vue du portique.

Dans l'hypothèse de l'auteur anglais, qui considère ce temple comme le *Senaculum* de Pompéi, ce serait sur la plate-forme ou *Podium*, dont on voit le développement dans cette vue, que devait être placée la tribune du haut de laquelle les orateurs auraient pu s'adresser au peuple; mais ce même *Podium* pouvait aussi être destiné à recevoir un autel pour y sacrifier en l'honneur de la divinité à laquelle le temple était consacré.

La découverte récente du temple de la Fortune (marqué N sur le plan général), au devant duquel se trouve un *Podium* d'une disposition absolument semblable, vient à l'appui de cette dernière opinion. (Voyez la vignette page 89.)

Le petit arc de triomphe à gauche paraît d'une construction postérieure au temple, il était en brique et blocailles, et décoré de tables de marbre et de compartiments en stuc : entre cet arc et le piédestal de l'angle du perron se trouve une petite porte qui communique à des caveaux voûtés pratiqués sous les degrés.

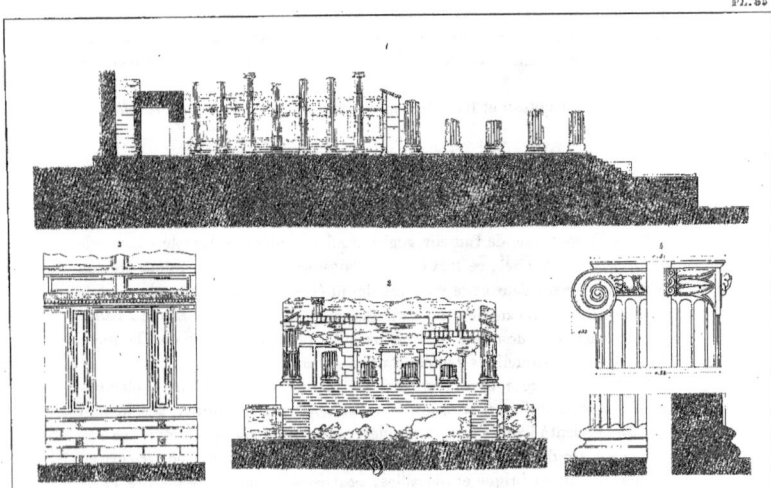

TEMPLE DE JUPITER
Coupe générale et Détails

TEMPLE DE JUPITER.

TEMPLE DE JUPITER.

VUE INTÉRIEURE.

TEMPLE DE JUPITER
Vue restaurée

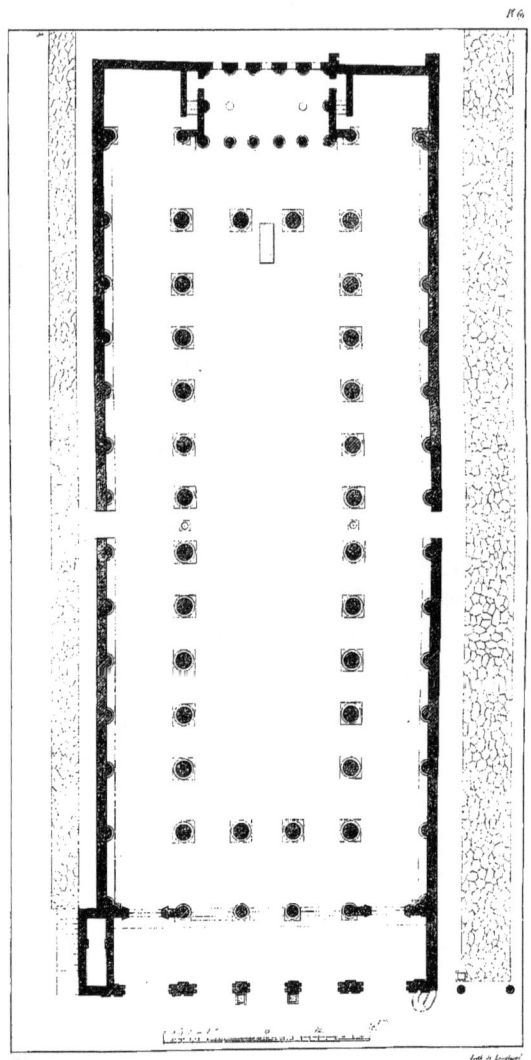

PLAN DE LA BASILIQUE.

PLANCHE LXVII.

Temple de Jupiter, vue intérieure.

Le spectateur est placé dans le temple même. A droite se voient les colonnes de l'intérieur de la cella, et par l'ouverture de la porte, les bases et quelques fragments des colonnes du péristyle. Le fond est occupé par les ruines du Forum, au-delà duquel s'étend la chaîne des monts Lactarius.

PLANCHE LXVIII.

Temple de Jupiter, vue restaurée.

Cette planche présente, outre la restauration du temple de Jupiter, l'ensemble des monuments qui formaient l'extrémité nord du Forum ; le temple est accompagné de deux arcs de triomphe, dont celui de droite est tout-à-fait conjectural. A la gauche on voit le portique dorique qui environne la presque totalité du Forum, à droite les arcades derrière lesquelles se trouve le *Panthéon*, et plus près du spectateur le portique de la *Curia* marqué K sur le plan général.

Cette restauration, également tirée de l'ouvrage anglais, donne lieu aux mêmes observations que nous avons faites sur celle de la planche LXIII, page 92.

PLANCHE LXIX.

Plan de la Basilique.

Les Basiliques étaient des édifices disposés de manière à pouvoir contenir une grande quantité de monde ; on y rendait la justice, et elles servaient aussi dans les mauvais temps de lieu de réunion pour les marchands. On doit, dit Vitruve, placer les Basiliques du côté du Forum le plus exposé à la chaleur, et élever à leur extrémité le *Chalcidique* ou le tribunal. Ce tribunal est formé, dans la Basilique de Pompéi, de six colonnes disposées sur un stylobate auquel on parvenait par de petits escaliers latéraux. Là siégeait le *Duumvir* chargé de rendre la justice ; il était accompagné de son conseil et entouré d'assesseurs, d'appariteurs, de licteurs et de scribes. Assis sur une chaise curule, ayant devant lui l'épée et les faisceaux, signes distinctifs de son autorité, il rendait ses arrêts après avoir juré sur un autel placé en face de lui de juger selon la loi et sa conscience.

En comparant les autres parties de l'édifice qui nous occupe avec la description que Vitruve donne de la disposition ordinaire des Basiliques, dont la nef ou l'espace du milieu était entouré de deux rangées de colonnes superposées les unes sur les autres, on voit qu'il sort de la règle générale et offre une grande ressemblance avec l'exemple particulier de la Basilique de *Fano*, que Vitruve éleva et dont cet auteur loue le bel effet. Ce dernier monument n'avait, dans sa nef, qu'un seul rang de colonnes d'une grande élévation qui supportait la charpente de la couverture, et des pilastres correspondants, plus petits, destinés à servir de supports aux planchers des tribunes hautes. Les 28 colonnes d'ordre ionique de 3 p. 7° de diamètre qui s'élèvent dans l'intérieur de la Basilique de Pompéi, comparées aux petites colonnes engagées le long des murs latéraux, offrent ce même motif ; et cette disposition, semblable à celle de la Basilique de *Fano*, doit faire admettre que le premier de ces monuments avait également des tribunes hautes auxquelles on montait par l'escalier placé à l'extérieur, à une des extrémités sur la droite du portique d'entrée. La situation de cet escalier a fait présumer qu'il pouvait avoir été ajouté après coup, ainsi que les tribunes dont il s'agit ; mais cette supposition nous paraît d'autant moins admissible, que la construction des grandes et des petites colonnes est évidemment de la même époque.

La Basilique de Pompéi est d'une assez grande dimension ; trois entre-colonnements accompagnés de deux portes donnaient du côté de son entrée principale un accès facile à la foule des plaideurs, des clients et des marchands ; deux autres portes percées dans les murs latéraux communiquaient avec les rues adjacentes. Tout le monument était séparé du Forum par un espace probablement découvert, fermé du côté des portiques au moyen de grilles ou de portes dont on voit encore les entailles et les trous de scellement dans les piliers.

Les Chrétiens s'emparèrent, sous Constantin, des Basiliques antiques pour les consacrer à leur culte. La forme et les dispositions de ces monuments restèrent, pendant des siècles, les seules que l'on employa dans les nombreuses constructions que le zèle religieux fit élever au christianisme. Mais si la belle disposition de St-Paul, hors les murs, et de tant d'autres Basiliques, élevées dans Rome et dans toute l'Italie, fut abandonnée pendant d'autres siècles, du moins voyons-nous aujourd'hui nos architectes s'inspirer de ces beaux monuments, et essayer de reproduire le grand effet et l'aspect caractéristique des églises chrétiennes du premier âge. En félicitant notre époque d'avoir de

VUE DE LA BASILIQUE
ET D'UNE PARTIE DU FORUM.

LA BASILIQUE.
DÉTAILS

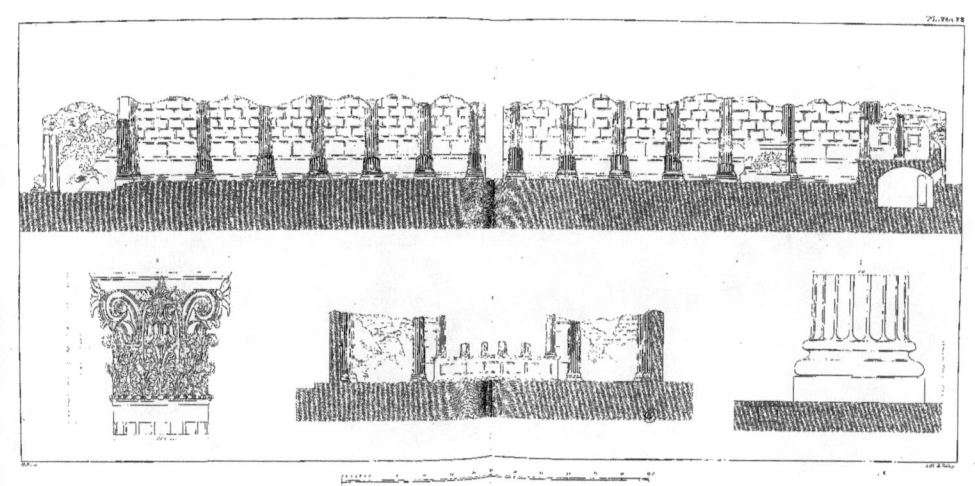

BAALBEK

EXPLICATION DES PLANCHES.

nouveau fait cette heureuse application, on doit s'étonner que le système complet des Basiliques antiques, dont la destination originaire présente une analogie si parfaite avec nos bourses et tribunaux de commerce, n'ait pas encore été appliqué dans les nouvelles constructions de ce genre d'édifices.

PLANCHE LXX.

Vue de la Basilique et d'une partie du Forum.

Cette vue est prise à l'angle Est du Forum, et du haut de l'éminence formée par les terres qui n'étaient pas encore enlevées dans cette partie. A gauche sont les entrées des trois édifices marqués F, F, F, sur le plan général; plus loin, est une petite porte communiquant à l'une des rues latérales qui longeaient la Basilique. Derrière cette porte se trouve l'escalier qui montait aux tribunes de cet édifice. A droite, on voit l'intérieur de la Basilique avec le tribunal dans le fond, et la rangée de colonnes doriques qui s'élèvent devant son entrée principale. Les piédestaux et le petit arc qui décoraient cette extrémité du Forum occupent le premier plan.

PLANCHES LXXI et LXXII.

Basilique, coupe générale et détails.

La figure première est une coupe sur le grand axe de la Basilique, la fig. 2 une coupe transversale avec l'élévation du *Chalcidicum*, ou tribunal. Dans ces coupes sont indiqués les différents genres de construction employés dans cet édifice. On y voit que les murs et les colonnes engagées étaient construits en blocailles et briques ordinaires revêtues de stuc colorié; les fûts des plus grandes colonnes étaient aussi en briques d'une forme particulière, dont le détail est représenté planche LXXIII, fig. 4, et également recouvertes de stuc. Les bases et les chapiteaux en tuf volcanique, offraient encore les traces d'un enduit dont l'application faite avec le plus grand soin, donnait aux formes extérieures des ornements et des moulures, plus de finesse qu'elles n'en présentent dans la masse plus ou moins détaillée de la pierre, qui ne devait pas rester apparente.

Les refends au-dessus des soubassements étaient peints en marbre alternativement jaune, rouge et vert; la longue bande inférieure du soubassement était rouge, la bande supérieure d'un brun-foncé, et les filets qui les séparaient verts, jaunes et rouges.

EXPLICATION DES PLANCHES.

La figure 3 représente le chapiteau du grand ordre. Il était en tuf volcanique recouvert d'un enduit de stuc; cette application explique la forme arrondie et un peu lourde des feuilles et des autres détails; les contours véritables en étaient reproduits par l'enduit en stuc, au maintien duquel servaient les refouillements extrêmement prononcés que présente toute la sculpture de ce chapiteau. Sa ressemblance avec les chapiteaux du temple de Vesta, à Tivoli, permet de fixer à une même époque l'érection de ces deux édifices.

La figure 4 représente la base du grand ordre, avec l'indication en coupe d'une des rigoles qui s'étendaient des deux côtés, dans toute la longueur de la nef, au bas des plinthes des colonnes.

PLANCHE LXXIII.

Basilique, détails.

La figure 1re offre la face d'un chaîneau en terre cuite. Ce fragment, d'un charmant dessin, montre de nouveau que les anciens savaient faire un ornement admirable des mêmes objets que nous abandonnons à la routine des ouvriers et qui déparent les édifices modernes. Cependant l'application, dans nos constructions, d'un pareil emploi de la plastique multipliée par le moulage, offrirait un moyen facile de les embellir avec goût et économie. Le haut degré de perfection auquel est arrivée la fonte de fer, permettrait d'employer de préférence cette matière, qui présente pour notre climat plus de solidité et de durée que la terre cuite.

Fig. 2 et 3, *Antefixes*; la première, de l'espèce de celles que les anciens appelaient *Persona*, était ornée d'une tête de vieillard; l'autre est composée de feuillages et d'enroulements, dont la partie inférieure est peinte en vert et la partie supérieure en jaune.

On se servait de deux espèces de tuiles pour couvrir les édifices, l'*Imbrex* et la *Tegula*. Les premières, de forme plate avec des rebords élevés, se plaçaient par rangs réguliers les unes à côté des autres; la *Tegula*, de forme creuse, servait à couvrir les joints, et prenait le nom d'*Antefixe* quand elle se trouvait placée au bord du toit.

Fig. 4. Plan d'une des colonnes de la Basilique. Les briques dont elles étaient construites avaient peu d'épaisseur; la figure indique de quelle manière elles étaient superposées les unes aux autres, pour que leurs joints fussent alternativement recouverts et pour que leurs pointes saillantes formassent naturellement les creux des cannelures; cette disposition ingénieuse facilitait l'application du stuc.

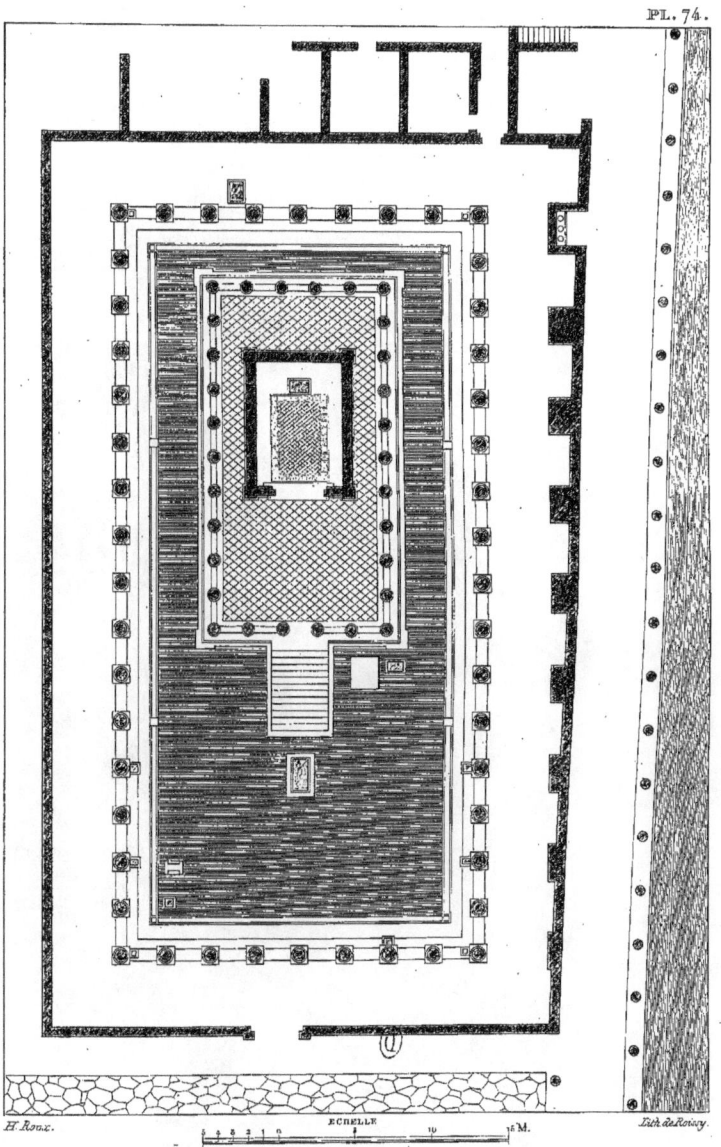

PL. 74.

PLAN DU TEMPLE DE BACCHUS.

EXPLICATION DES PLANCHES.

PLANCHE LXXIV.

Plan du temple de Bacchus ou de Vénus.

Les noms sous lesquels la plupart des monuments de Pompéi ont été désignés ne sont pas tous appuyés de preuves certaines, et il suffit quelquefois de la plus légère circonstance pour leur en faire changer. L'édifice qui nous occupe fut d'abord connu sous la désignation de temple de *Bacchus*, parce que l'on découvrit une peinture représentant Bacchus et Silène, dans une pièce qui semblait faire partie de ses dépendances. Il le fut ensuite sous le nom de temple de *Vénus*, parce que parmi les décombres on trouva les fragments d'une statue de femme.

Ce temple, du genre de ceux qui sont appelés *Périptères* et *Hexastyles*, était élevé sur un stylobate, en construction massive et revêtu de stuc. Toutes les colonnes qui entouraient la cella ont été renversées. Sur le petit autel en avant du perron qui conduisait au porche du temple, on a retrouvé des traces de feu et même des cendres, qui provenaient probablement des victimes qu'on y avait brûlées.

Tout l'édifice était renfermé dans une enceinte sacrée ou *Péribole*, entourée d'un portique couvert composé de 48 colonnes en pierre; ces colonnes étaient primitivement d'ordre dorique, mais elles furent transformées depuis en ordre composite, au moyen d'un enduit de stuc d'une forte épaisseur; cette transformation en a rendu la proportion lourde. La partie inférieure du fût, au tiers de la hauteur, est lisse et peinte en jaune; la partie supérieure, qui est de couleur blanche, est cannelée.

Les eaux pluviales des toits du portique étaient reçues dans un petit canal, et des regards qui y étaient pratiqués de distance en distance, les conduisaient dans des citernes.

Le nombre des colonnes de chacune des faces du portique étant impair, il se trouvait par conséquent une colonne dans la direction de chacun des axes. Cette disposition que les modernes regardent comme très vicieuse, et dont on trouve plusieurs exemples à Pompéi et même dans d'autres monuments de l'antiquité, ne peut être condamnée comme telle, qu'autant qu'elle serait le résultat du caprice de l'architecte. Car une disposition semblable qui résulterait d'une soumission raisonnée aux exigences de la destination et de la localité d'un édifice, satisferait aux vrais principes de l'architecture; ce sont ces principes qui prédominent chez les anciens, dont les licences apparentes sont toujours commandées par les convenances, auxquelles ils tâchaient de satisfaire avant tout.

EXPLICATION DES PLANCHES.

PLANCHE LXXV.

Temple de Bacchus, Élévation et détails.

Fig. 1re. Élévation latérale du temple dans son état actuel. Le massif sur lequel il était élevé, a conservé les traces du revêtement en stuc dont il était décoré; au devant du perron se trouvait un petit autel qui portait sur deux de ses faces l'inscription suivante :

M PORCIUS. M. F. L SEXTILIVS L F. CN CORNELIUS. CN. F.

A CORNELIVS. A. F. IIIIVIR. D. P. S. F. LOCAR.

« Marcus Porcius fils de Marcus, Lucius Sextilius fils de Lucius, Cneius Cornelius fils de Cneius, Aulus Cornelius fils d'Aulus, quartumvirs, l'ont fait placer à leurs dépens. »

La figure 2 offre le détail des tables et des refends en stuc d'une grande richesse, qui décoraient extérieurement les murs de la cella.

La fig. 3 donne le profil de la base des Antes; et la fig. 4, les profils du couronnement et de la base du petit autel.

Figures 5 et 6. Élévation et coupe du chaîneau en terre cuite, qui régnait autour du portique. Nous avons déjà donné plusieurs de ces fragments qui embellissaient également les monuments et les habitations des anciens, et nous renvoyons le lecteur à la description des planches XXXVIII et LXXIII, pour les observations qu'ils nous ont suggérées.

PLANCHE LXXVI.

Vue du Temple de Bacchus.

Le tremblement de terre qui précéda de quinze ans la destruction de Pompéi, dut occasionner des ravages que les habitants, remis à peine de leur effroi, commençaient à réparer, lors de l'éruption qui engloutit entièrement leur ville. Pompéi offre partout les traces de ces réparations inachevées. L'état de ruine dans lequel on a trouvé le temple qui nous occupe, fait croire qu'il fut, ou totalement abandonné, ou qu'il dut être entièrement reconstruit à neuf; l'absence de tout vestige des colonnes qui entouraient primitivement la cella,

EXPLICATION DES PLANCHES.

la disjonction presque entière des marches du perron et la position hors d'aplomb du petit autel, témoignent en effet qu'on ne s'était pas encore occupé de sa reconstruction; il paraît que l'on commença les réparations par le portique d'enceinte dont l'ordonnance dorique fut transformée en composite, au moyen d'un replâtrage en stuc dont nous avons parlé précédemment; et que l'on préparait peut-être en dehors les matériaux pour l'entière reconstruction du temple, dont les restes avaient été laissés dans un état d'abandon provisoire.

Sur la droite, entre les colonnes et les portions de mur du portique, on voit le Forum, avec les restes du temple de Jupiter qui dominent sur la gauche.

PLANCHE LXXVII.

Vue du même monument.

Le fond du tableau est occupé par le mont Vésuve; à droite, sur le devant, est un Terme d'un travail médiocre; on en a trouvé plusieurs, mais celui-ci était seul en place et bien conservé.

Le fragment de sculpture, à côté du petit autel, est une portion de frise. Sur le premier plan on distingue un morceau de l'entablement du portique de la cour; la destruction du stuc qui le recouvrait laisse apercevoir les triglyphes de l'ordre dorique primitif.

PLANCHE LXXVIII.

Plan du temple de Mercure.

Le plan de ce petit édifice a beaucoup d'analogie avec ceux des temples d'Isis et d'Esculape représentés pl. LXXX et LXXXVI.

Il se compose d'une enceinte sacrée, précédée du côté de l'entrée d'un portique couvert. Les murs latéraux de cette enceinte, ainsi que celui du fond, offrent les traces d'une décoration de panneaux renfoncés, couronnés alternativement de frontons circulaires et triangulaires; décoration qui est en tout semblable à celle d'un mur qui formait un des albums de Pompéi (voyez planche LXII). La cella du temple, d'une petite dimension, est adossée au mur du fond; l'entrée en était originairement abritée par un porche de quatre colonnes. Les deux perrons élevés en arrière du porche, et longeant les murs latéraux de la cella, sont encore une déviation à l'usage général, motivée sans doute par l'exiguïté de l'enceinte et la nécessité d'une disposi-

EXPLICATION DES PLANCHES.

tion particulière et convenable aux cérémonies religieuses. Sur le seuil de l'entrée se voient les trous des crapaudines destinés à recevoir les pivots des ventaux de la porte. Le piédestal situé au fond de la cella supportait probablement la statue de la divinité du lieu. Une petite porte, à la droite de la cella, conduit dans trois pièces assez spacieuses et qui formaient les dépendances du temple.

PLANCHE LXXIX.

Vue du temple de Mercure.

On aperçoit dans le fond les murs d'enceinte entièrement construits en briques et dépouillés du stuc qui les recouvrait, les restes de la cella et le stylobate sur lequel s'élevaient les colonnes du portique.

L'autel qui occupe le devant a environ 4 pieds 6 pouces de haut; il est en marbre blanc et très-bien conservé. Le sujet du précieux bas-relief qui le décore s'explique plus facilement que la ressemblance plus ou moins fondée qu'on a cru trouver entre le personnage qui offre le sacrifice et *Cicéron*. Ce personnage est accompagné de licteurs portant des faisceaux; son costume annonce un magistrat et peut-être un *Augustal*; il a derrière lui un enfant qui porte le *Simpulum*, la patère et une bandelette; près de l'autel, en forme de trépied, est le sacrificateur ou *Popa*, armé de son maillet; il est nu jusqu'à la ceinture, et conduit la victime. Le fond du bas-relief est occupé par le porche d'un temple décoré de guirlandes et de festons. La face opposée au bas-relief est ornée d'une couronne de chêne accompagnée de deux branches de laurier et d'olivier; et sur les faces latérales sont représentés divers instruments de sacrifices surmontés de guirlandes de fruits et de fleurs.

PLANCHE LXXX.

Plan du temple d'Isis.

L'inscription suivante, placée au-dessus de la porte principale et transportée au musée de Portici, ne laisse aucun doute sur la destination de cet édifice.

N. POPIDIVS N. F. CELSINVS.
ÆDEM. ISIDIS. TERRÆ MOTV. CONLAPSAM
A. FVNDAMENTO. P. SVA. RESTITVIT
HVNC. DECVRIONES. OB. LIBERALITATEM
CVM. ESSET. ANNORVM. SEXS. ORDINI. SVO
GRATIS. ADLEGERVNT.

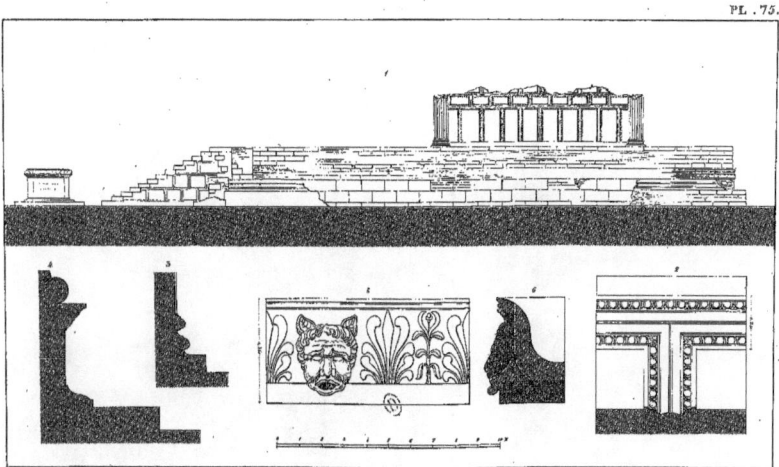

TEMPLE DE BACCHUS.
Élévation Latérale et Détails

VUE DU TEMPLE DE BACCHUS.

VUE DU TEMPLE DE BACCHUS.

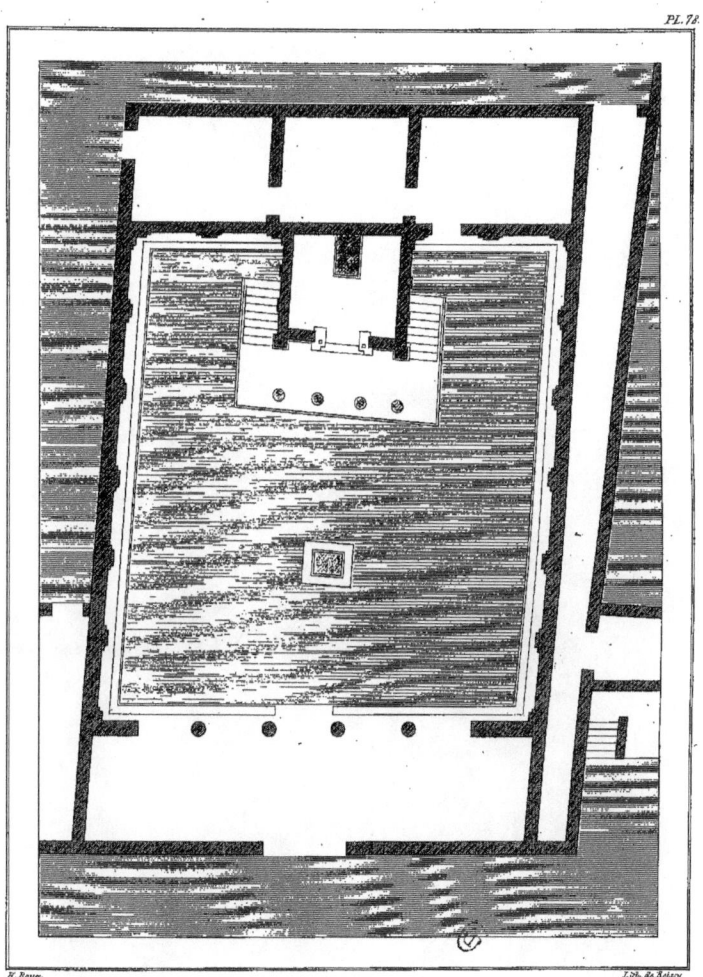

PLAN DU TEMPLE DE MERCURE.

TEMPLE DE MERCURE.

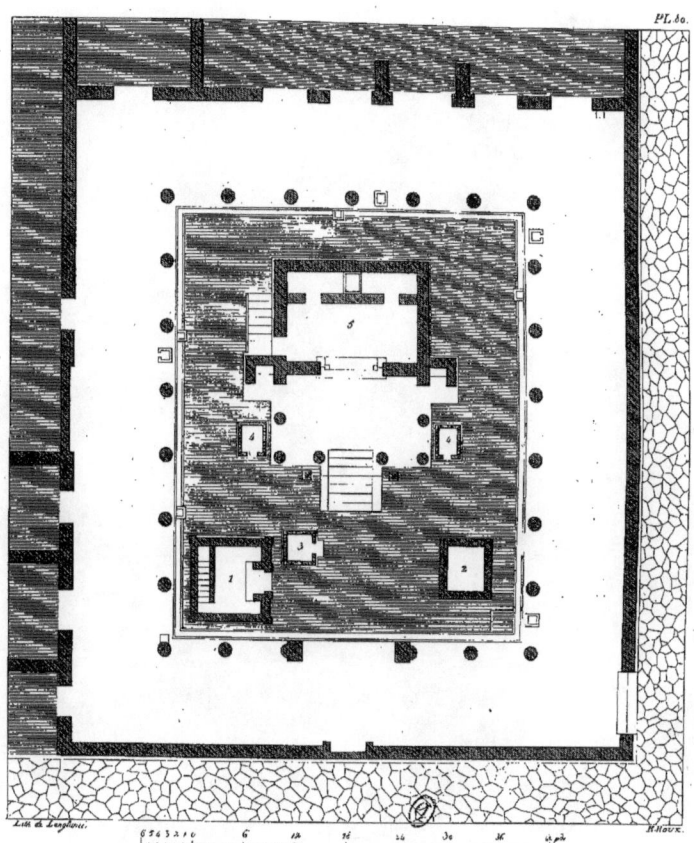

PLAN DU TEMPLE D'ISIS.

« Nonnius Popidius Celsinus, fils de Nonnius, a fait rétablir à ses dépens, depuis les fondements, le temple d'Isis renversé par un tremblement de terre : à cause de sa libéralité, les Décurions l'ont agrégé gratis à leur ordre, lorsqu'il était dans sa soixantième année. »

L'*Ædes* (c'est ainsi que ce petit édifice est désigné dans l'inscription) différait du temple proprement dit, en ce qu'il n'était point consacré ; mais on faisait rarement attention à cette distinction qui paraît n'être ici qu'une humilité affectée dans un culte à peine toléré.

Le sanctuaire, élevé comme tous ceux des temples de Pompei sur une base ou *Podium*, était précédé d'un porche tétrastyle d'ordre corinthien, auquel on parvenait par un perron de sept marches. En dehors de chacune des antes se trouvait une niche décorée de pilastres corinthiens surmontés d'un fronton ; derrière celle de gauche est un petit escalier conduisant à la cella et probablement réservé aux prêtres.

Dans toute la largeur du fond du sanctuaire régnait une espèce de piédestal isolé du mur; deux portes très-basses permettaient de passer derrière et de parvenir à un autre piédestal un peu plus élevé et situé dans l'axe de la porte d'entrée; c'était certainement là que devait être placée une très-belle statue d'Isis trouvée lors des fouilles dans un des angles du portique; elle avait environ deux pieds de haut, la draperie était légèrement peinte en pourpre, quelques parties étaient dorées : de la main gauche elle tenait un Sistre de bronze, dans la droite le signe de l'abondance, la clef des canaux ou de l'inondation du Nil; sur le petit piédestal, pris dans le même bloc que la statue, était cette inscription :

L. CÆCILIVS PHOBVS. POSVIT.

« Érigée par Lucius Cecilius Phobus. »

Dans une niche on a aussi trouvé une petite statue d'Harpocrate, dont l'image se rencontre presque toujours dans les édifices consacrés au culte égyptien; il avait l'index de la main droite sur les lèvres pour avertir que dans le sanctuaire d'Isis on doit garder le silence. On y a découvert encore un Anubis avec une tête de chien, un Bacchus, une Vénus, un Priape et divers objets en bronze.

Un squelette d'homme, avec une barre de fer auprès de lui, a été trouvé dans une des chambres sous le portique; ce malheureux fut surpris par la mort, pendant qu'il s'efforçait d'ouvrir la porte.

1. — Ædicule qui couvrait le puits sacré où l'on descendait par le petit

EXPLICATION DES PLANCHES.

escalier situé au fond. La façade, composée de quatre pilastres surmontés d'une frise très-haute et d'un fronton percé d'un renfoncement demi-circulaire, était richement décorée de sculptures en stuc représentant des sujets relatifs au culte d'Isis et à l'adoration de cette divinité.

2. — Espèce d'auge en pierre où l'on déposait les os et les cendres des victimes.

3. Autel où l'on brûlait les victimes ; la partie supérieure est presque entièrement calcinée.

Sur les deux autels 4—4 placés aux deux côtés du portique, on trouva les Tables Isiaques en basalte, actuellement au musée de Naples. A droite et à gauche du perron il y avait encore deux autres autels, mais plus petits. Ces autels, ainsi que les précédents, étaient creux, et d'une forme approchant de celle réservée aux tombeaux.

Un portique d'ordre dorique, construit en briques et revêtu de stuc, entourait cet ensemble de constructions. Au bas des colonnes est placée la rigole disposée pour recevoir les eaux du toit et les faire couler dans des citernes. Cette disposition est commune aux monuments ainsi qu'aux maisons particulières de Pompéi.

Si l'emplacement de l'entrée principale de ce monument, qui se trouve sur une des faces latérales, choque au premier abord, l'inspection de la localité fait voir de suite que la petite ruelle qui se trouve au devant du temple, parallèlement à la façade principale (voyez au plan général, lettre R), dut motiver cette infraction aux règles générales. Cette disposition inusitée est un nouvel exemple des principes de convenance qui guidaient les anciens dans leurs productions architectoniques, et dont nous avons déjà eu occasion de parler. On voit, en effet, qu'une exposition prescrite par le culte ou la forme du terrain, a dû diriger l'architecte dans le choix de la direction de son monument, de même que la grande rue a dû lui indiquer le côté où il devait placer la porte principale. En satisfaisant à ces données, il est certain que la situation de cette porte est on ne peut pas plus avantageuse pour l'arrivée au temple et pour l'effet de son ensemble.

PLANCHE LXXXI.

Vue du temple d'Isis.

Cet édifice, l'un des premiers découverts, est encore un des mieux conservés de Pompéi, et les quatre colonnes sur le premier plan que nous avons

VUE DU TEMPLE D'ISIS.

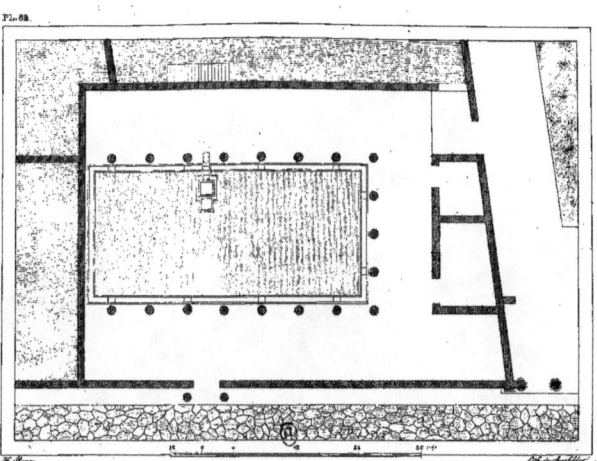

PLAN DU PORTIQUE DES ÉCOLES.

VUE DU PORTIQUE DES ÉCOLES.

EXPLICATION DES PLANCHES.   105

supposées ruinées en partie, afin de pouvoir embrasser d'un seul coup-d'œil l'ensemble de ce curieux monument, sont aussi entières que les autres. Le plan en fait connaître toutes les parties aussi bien qu'il laisse juger du puissant motif qui a suggéré l'idée de supprimer la colonne du milieu du portique opposé à la façade du temple, afin d'en dégager l'aspect au moyen d'une grande arcade, élevée sur les deux pieds-droits qui occupent de ce côté l'emplacement de la colonne du milieu (1).

Une des portes à gauche communique à une pièce dépendante du temple et qui s'étendait jusqu'aux murs du grand théâtre.

PLANCHE LXXXII.

Plan du portique des Écoles.

Cet édifice dans lequel on a cru voir une Ecole ou un Tribunal, et que l'on doit plutôt considérer comme un marché, offre la plus grande simplicité dans la disposition de son plan. Il se composait d'une cour entourée de portiques sur trois côtés et de plusieurs pièces placées à l'une de ces extrémités. Les deux portes par lesquelles on y communiquait du dehors donnaient l'une dans la rue du Temple d'Isis, et l'autre sous le grand portique des théâtres. Au côté opposé à l'entrée de la rue se voient deux piédestaux avec un escalier de six marches très-étroites, d'environ dix pouces de hauteur, qui était adossé contre le piédestal le plus élevé.

PLANCHE LXXXIII.

Vue du portique des Écoles.

Cette vue est prise sous le portique opposé à l'entrée de la rue du Temple d'Isis, elle fait voir l'état actuel de l'édifice; les colonnes sont très-bien conservées et occupent presque toutes leur emplacement primitif; quant à l'entablement, on n'en a retrouvé aucun vestige. Sur le devant à droite s'élèvent l'escalier, avec les deux piédestaux y attenants. Sur le plus grand de ces piédestaux on distingue une entaille carrée de six pouces de profondeur sur vingt-deux pouces de large; le creux que présente la surface de l'autre piédestal qui

---

(1) Cette colonne paraît avoir été supprimée après coup, car on aperçoit encore sur le dallage, au milieu de l'arcade, le cercle gravé qui indique son emplacement primitif.

paraît très-usé, semble être le résultat d'un frottement progressif dont les marches portent également l'empreinte. Au fond sur la gauche on aperçoit, à travers l'ouverture de la deuxième entrée, plusieurs colonnes du grand portique du théâtre.

PLANCHE LXXXIV.

Vue restaurée du portique des Écoles.

Cette restauration donne une idée complète de l'édifice; on y voit tout à l'entour de la cour les rigoles en pierres destinées à recevoir et à conduire les eaux pluviales dans des citernes, et sur le premier plan, les piédestaux et l'escalier, dont la découverte a donné plus particulièrement lieu aux différentes opinions émises sur la destination de ce portique. Regardé comme une école ou un tribunal, on a pensé que l'escalier avait pu servir aux orateurs pour monter sur le piédestal le plus élevé, du haut duquel, comme d'une tribune, ils pouvaient s'adresser aux écoliers ou au peuple; mais pour cet objet il devenait inutile que la dernière marche dépassât le piédestal, puisque avec deux marches de moins on y aurait monté plus commodément. Envisagé comme un marché soit aux légumes, soit au poisson ou autres denrées, on a supposé que la dernière marche devait être destinée à exhausser le *Præco* ou l'huissier chargé de faire l'encan, et les deux piédestaux, l'un à l'exposition des objets à vendre, et l'autre à porter une statue de Mercure et pour servir d'autel. Cette opinion d'autant plus admissible, que les Grecs et les Romains avaient des marchés disposés en carrés longs entourés de portiques et de boutiques, se trouve encore fortifiée par deux faits qui paraissent concluants : le premier résulte d'une observation qui a fait découvrir dans les colonnes du portique une grande quantité de fragments de clous qui probablement étaient destinés à attacher les différentes marchandises exposées en étal, le second est la transformation d'une des colonnes en fontaine; cette disposition dans un pareil lieu était aussi utile qu'indispensable.

Le mur qui dépasse la couverture du fond fait partie du grand portique des théâtres, et le bâtiment surmonté d'un fronton qui s'élève à côté présente la restauration du Propylée ou entrée de ce dernier portique.

PLANCHE LXXXV.

Détails du portique des Écoles.

La figure première offre l'élévation géométrale d'un entre-colonnement; l'escalier et les deux piédestaux, avec la coupe de la rigole qui entoure la cour.

PORTIQUE DES ECOLES.
Vue restaurée

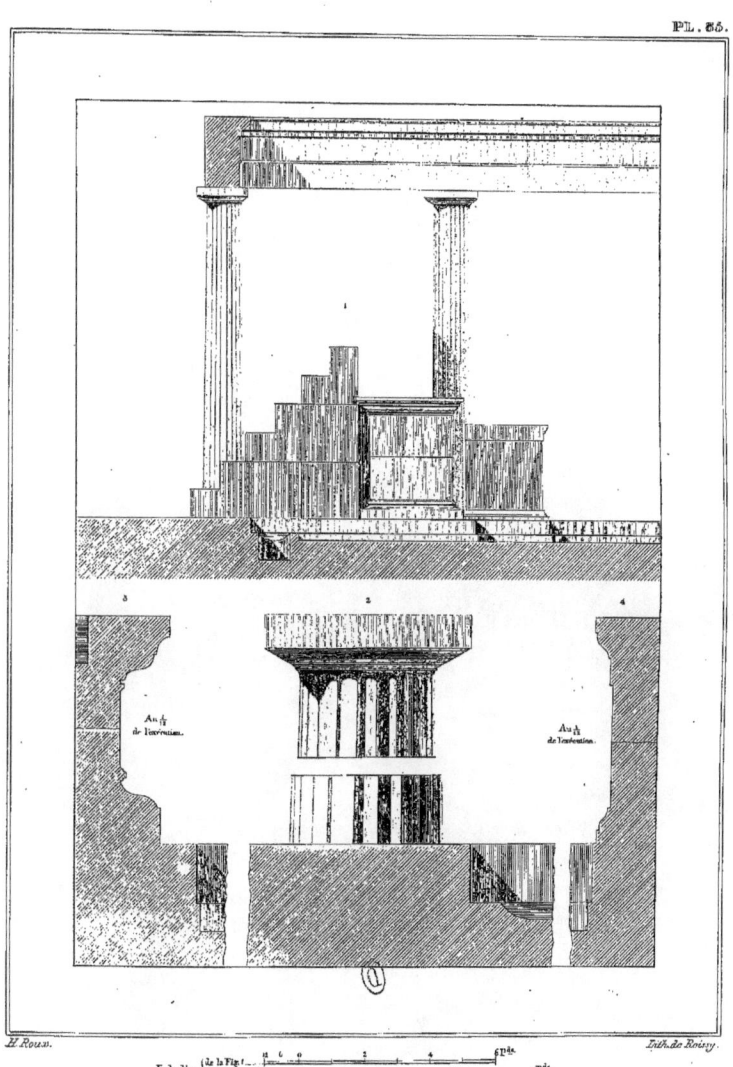

PORTIQUE DES ÉCOLES.

DÉTAILS.

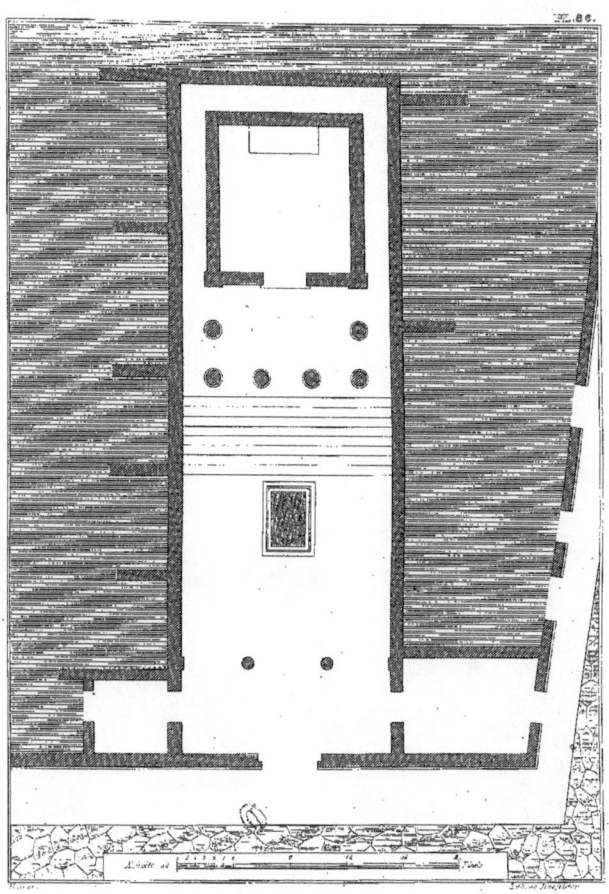

PLAN DU TEMPLE D'ESCULAPE.

TEMPLE D'ESCULAPE.

VUE RESTAURÉE.

EXPLICATION DES PLANCHES.

Les figures 2, 3 et 4 représentent les détails en grand d'une des colonnes et les coupes des deux piédestaux. La pureté de ces profils et la finesse de leur exécution, ne laissent aucun doute sur leur construction, à une époque où l'art des Grecs était encore seul dominant dans leurs colonies.

PLANCHE LXXXVI.

Plan du Temple d'Esculape.

Parmi les édifices de Pompei généralement si restreints dans leurs dimensions, le temple d'Esculape est le plus petit : la totalité du terrain qu'il occupe n'excède pas cinquante toises en superficie.

Ce temple est entièrement isolé; il est élevé sur un massif en construction qui occupe le fond d'un *Péribole* ou enceinte sacrée. On y arrive par un perron de neuf marches construit dans toute la largeur du terrain. La cella est de forme carrée, et le *Pronaos* ou portique qui la précède est formé par six colonnes dont deux en retour, et quatre sur la face qui donnent au temple l'aspect tétrastyle.

En considérant la forme du piédestal que l'on voit en avant du perron et la circonstance qu'on y trouva placées les statues d'Esculape, d'Hygie et de Priape, ou peut le regarder comme offrant le type du *Pulvinar* des anciens, qui servait de lit aux statues des dieux dans les cérémonies religieuses nommées *Lectisternes*, qui se pratiquaient dans les temps de calamités publiques.

A l'instar des autres édifices de Pompei qui sont toujours accompagnés ou entourés de portiques, ou promenoirs couverts, comme cela se voit même aux monuments élevés à côté des nombreux portiques du Forum, le temple d'Esculape est également pourvu d'un promenoir couvert composé de deux colonnes, qui abrite l'entrée du *Péribole*.

Ce portique offre une communication à couvert entre deux pièces dépendantes du temple; celle qui est à gauche correspond à l'Atrium d'une maison particulière qui fut sans doute l'habitation d'un sculpteur, car on y trouva plusieurs statues achevées, d'autres commencées, des marbres prêts à être mis en œuvre, des ciseaux et d'autres outils à l'usage du statuaire. Cette maison se trouve détaillée sur le plan général à côté du temple d'Esculape, lettre S.

PLANCHE LXXXVII.

Vue restaurée du Temple d'Esculape.

Quoique les ruines de ce petit monument n'offrent plus que la partie inférieure des murs de la cella, le grand perron et quelques restes des murs d'enceinte, il nous a été néanmoins possible d'offrir l'essai de sa restauration. Les divers fragments qu'on a retrouvés, et le tracé de l'emplacement des colonnes qui s'est conservé, gravé sur le massif qui les supportait, rendaient cette restitution aussi certaine que facile. En effet, l'usage de construire les fondations d'une manière uniforme sur toute la superficie des constructions, sans avoir égard à la disposition des murs et des colonnes, de tracer le plan de l'édifice sur la planimétrie des fondations, quand elles étaient arrivées au niveau du sol, était assez généralement reçu chez les anciens : souvent même on voit que la superficie totale d'un édifice a été entièrement couverte de mosaïques avant l'érection des murs et des colonnes, et que le tracé du plan du monument a été fait sur la mosaïque même. Par ce moyen la restitution du plan d'un monument peut être encore très-facile, quand même il ne resterait plus rien debout. Nous avons donc pu reproduire avec certitude la principale disposition et les masses de ce charmant Ædicule dont l'ensemble offre un tableau aussi gracieux que caractéristique.

PLANCHE LXXXVIII.

Détails du temple d'Esculape.

Fig. 1, 2, 3 et 4. Élévation latérale et détails de l'entablement dorique et de la base du *Pulvinar* ou piédestal placé au milieu du *Péribole* du temple. Ce petit monument déjà si intéressant en lui-même et dont les détails sont pleins de goût et de recherche, l'est encore par sa ressemblance avec le tombeau de Scipion, du Musée Pio Clementino, que Winckelmann regarde comme un des monuments les plus importants pour l'histoire des arts à Rome.

Fig. 5. Chapiteau du portique du temple.

Fig. 6. Chapiteau de l'ante.

PLANCHE LXXXIX.

Plan du camp des soldats.

Lors de la découverte de cet édifice, il fut regardé comme devant être le portique du théâtre, derrière le *Proscenium* duquel il se trouve placé, et c'est surtout en s'appuyant sur les paroles de Vitruve, lorsqu'il dit que les portiques ou promenoirs sous lesquels les spectateurs devaient trouver un abri en cas d'averse, devaient être élevés derrière la scène, que cette opinion s'est

TEMPLE D'ESCULAPE.
DÉTAILS

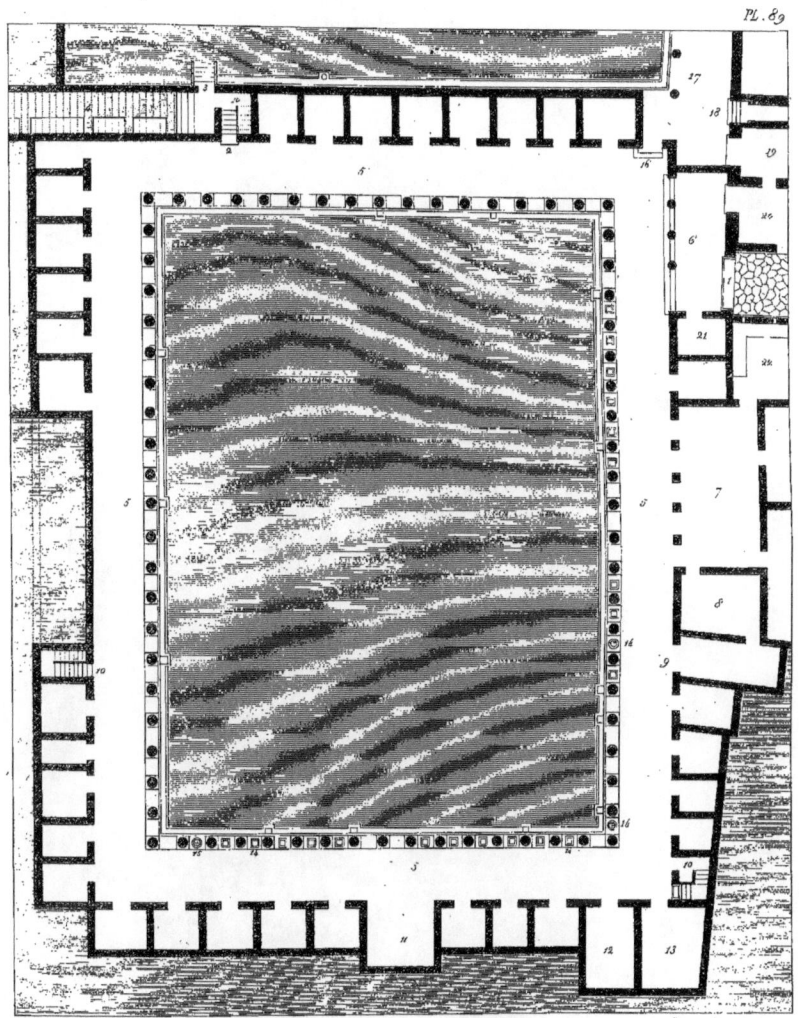

PLAN DU CAMP DES SOLDATS.

EXPLICATION DES PLANCHES. 109

établie : mais depuis la découverte du Forum triangulaire, ou Hecatonstylon, (indiqué par la lettre O, sur le plan général), qui convient mieux à cette destination, et la remarque qu'il n'y a qu'une seule communication entre le théâtre et l'édifice qui nous occupe, on a reconnu généralement que ce devait être le camp ou le quartier des soldats.

Si l'on considère en effet le grand nombre de chambres, presque toutes semblables entre elles, qui sont distribuées au rez-de-chaussée et au premier étage à l'entour des portiques, la présence d'une cuisine avec des fourneaux disposés pour préparer les aliments d'une grande réunion d'hommes, celle des armures trouvées dans différentes pièces, comme aussi la découverte de trois squelettes de prisonniers dont les pieds étaient passés dans des ceps, et d'autres dispositions détaillées ci-après, on conviendra facilement que toutes ces particularités s'accordent pour faire admettre que cet édifice réunissait tout ce qui pouvait le rendre propre à servir de caserne.

1. Entrée sur la rue qui passait derrière l'*Odeum* ou petit théâtre.
2. Escalier montant au balcon du premier étage.
3. Palier en marbre qui conduisait au *Postscenium* du grand théâtre.
4. Rampe qui monte au sol du Forum triangulaire.
5. Portique : les colonnes, au nombre de 72, sont d'ordre dorique (voyez planche XC), et peintes alternativement en rouge et en jaune; celles qui formaient les axes sont en bleu : les piédestaux indiqués entre les colonnes, et dont beaucoup étaient encore en place, supportaient probablement des statues.
6. Portique ionique; il pouvait être fermé au moyen de portes dont les trous de scellement pour les crapaudines sont encore visibles.
7. Autre portique communiquant à la cuisine (22) et à des pièces 8 et 9 qui peuvent avoir servi de magasin.
10. 10. Escaliers montant au balcon du premier étage.
11. Espèce de *Tablinum;* on a trouvé dans cette pièce des casques et différentes parties d'armures dont plusieurs étaient ornées d'incrustations en argent : sur l'un des casques était représentée la prise de Troie. Les visières en étaient fermées par de petits grillages à jour ou percés de trous circulaires. La dimension et le poids de ces armures ont fait douter qu'elles eussent jamais servi. S. W. Hamilton qui était présent lorsqu'on les découvrit, vit néanmoins les étoffes dont elles étaient doublées à l'intérieur, et que le temps et leur état de calcination a fait disparaître depuis. Dans une pièce voisine on découvrit une trompette d'airain fort singulière à laquelle étaient ajustées six flûtes d'ivoire; ces flûtes n'avaient point de trous pour le doigté, c'était au

moyen de l'embouchure même de la trompette qu'on pouvait en tirer des sons : tout l'instrument pouvait se suspendre à l'épaule avec une chaîne en bronze qui s'y trouvait attachée.

12 et 13. Chambres ; c'est dans la dernière que l'on a pratiqué l'entrée par laquelle on pénètre aujourd'hui dans l'intérieur de Pompei.

14. Puits.

15. Piédestaux.

16. Porte de communication avec un petit portique, 17, adossé au mur de l'Odéum.

18, 19 et 20. Parties dépendantes du petit théâtre.

21. Logement du gardien.

22. Cuisine.

PLANCHE XC.

Coupe et détails.

Les restaurations de la charpente, de l'appui du balcon aussi bien que des portes en menuiserie, ont pu se faire avec la plus grande exactitude au moyen des empreintes que les bois calcinés de toutes ces parties de l'édifice avaient laissées dans les cendres qui les enveloppaient et qui en offrent, pour ainsi dire, les moules. Une partie de ce portique représentée, planche XCI, a été restaurée de cette manière sur les lieux mêmes.

2. Détails d'une des colonnes : elles étaient construites en *piperno* et recouvertes de stuc. Les chapiteaux, primitivement d'un ordre dorique grec, tel que l'indique la planche, avaient subi une altération sensible dans leurs profils lors d'une restauration ultérieure.

3. Profil du chapiteau sur une plus grande échelle.

PLANCHE XCI.

Vue prise sous le portique.

Cette vue est prise à l'angle Est du portique ; l'escalier, dans le fond à droite, est celui marqué 10 sur le plan ; la portion du balcon qui y est représenté est celle qui se trouve rétablie sur les lieux mêmes.

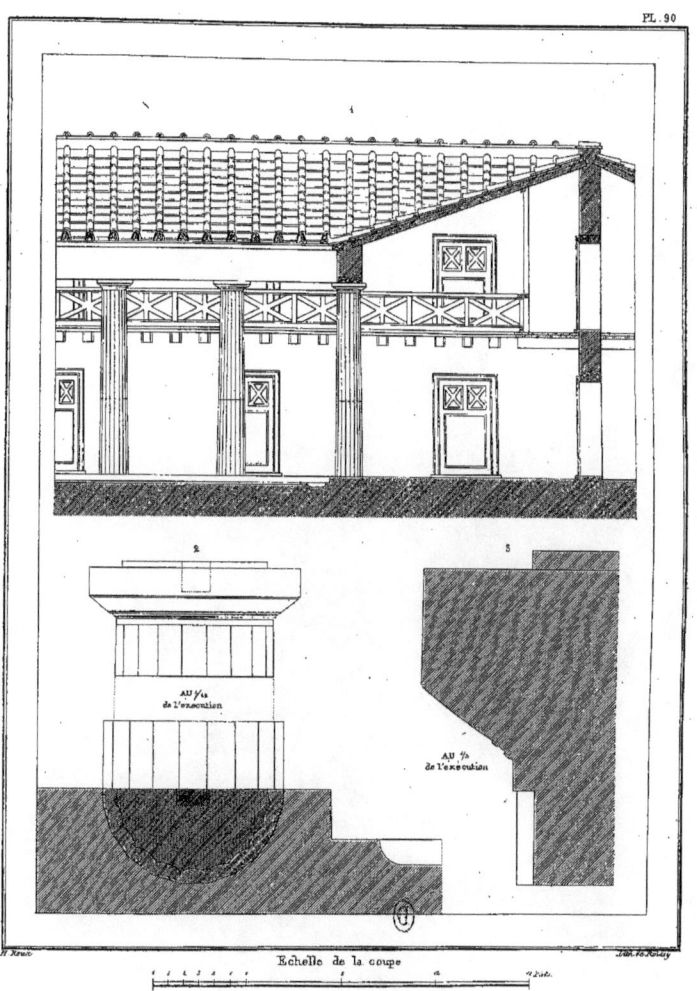

CAMP DES SOLDATS
Coupe et détails.

CAMP DES SOLDATS.

VUE PRISE SOUS LE PORTIQUE.

CAMP DES SOLDATS.

VUE RESTAURÉE.

EXPLICATION DES PLANCHES.

PLANCHE XCII.

Vue restaurée du camp des soldats.

A l'exception des peintures et des mosaïques qui proviennent cependant toutes de Pompei, cette restauration est de la plus grande fidélité. Le spectateur est placé sous le portique ionique (n° 6 du plan). Dans le fond on voit le grand mur du Forum triangulaire et la partie supérieure du temple Grec qui s'élevait au milieu.

QUATRIÈME PARTIE.

THÉATRES.

Les premiers théâtres des Grecs furent construits en bois; et lorsque, dans la 70ᵉ Olympiade, 498 ans avant notre ère, une de ces constructions éphémères se fut écroulée sous la foule des spectateurs, les Athéniens érigèrent le premier théâtre en pierre qui porta le nom de *Théâtre de Bacchus*, et dont les ruines subsistent encore.

Les Romains, en tout imitateurs des Grecs, employèrent également le bois aux constructions primitives de ce genre, que l'on démolissait, la plupart du temps, après les fêtes publiques pour lesquelles on les avait élevées. La forme de ces édifices était la même que celle des théâtres en pierre; car ces derniers ne furent, pour ainsi dire, que la copie des théâtres en bois reproduite avec des matières plus durables. La seule différence que présentèrent ces constructions, consista dans la grande magnificence déployée dans la décoration de la scène des théâtres temporaires : magnificence qui ne fut jamais égalée par la décoration permanente des théâtres dont les ruines ont subsisté jusqu'à nos jours.

La disposition des gradins qui servaient de siéges aux spectateurs, ne permettant pas d'y adapter des ornements dont l'effet aurait été perdu, ce fut sur la partie apparente des théâtres que l'on chercha à déployer la plus grande richesse. A Rome, Cl. Pulcher décora la scène du théâtre qu'il éleva avec tout le luxe de la peinture : Caïus Antonius, Lucius Murena et Quintus Catulus surpassèrent leurs prédécesseurs en employant avec profusion l'or, l'argent et l'ivoire dans la décoration des scènes. Mais aucun n'égala Marcus Scaurus : le théâtre que cet édile fit construire à ses frais pouvait contenir 80,000 spectateurs. La décoration de la scène était composée de 360 colonnes distribuées en trois étages : celles de l'étage inférieur en marbre le plus précieux; celles du milieu en verre, et celles de la rangée supérieure en bois doré; trois mille statues en bronze, un grand nombre de tableaux remarquables et des tapisseries en étoffes les plus précieuses, ajoutaient au luxe de la décoration architecturale un degré de splendeur qui resta sans exemple.

Pompée construisit à Rome le premier théâtre en pierre. Jules-César et Auguste imitèrent son exemple. La loi Roscia, en assignant les quatorze rangs des gradins inférieurs aux chevaliers et aux dignitaires, avait commencé à mettre un terme au désordre qui jusqu'alors avait régné dans l'occupation des places. Les empereurs, en élevant ces monuments durables, allèrent plus loin, et fixèrent pour chaque ordre une place particulière : les soldats furent isolés du peuple; des séparations furent disposées pour les prêtres et les vestales; les sénateurs occupèrent, avec les ambassadeurs des nations étrangères, les siéges les plus près de l'orchestre; et les femmes furent reléguées dans les galeries couvertes pratiquées dans le haut, et derrière les gradins les plus élevés.

Les Édiles étaient chargés de la surveillance des représentations théâtrales et des amphithéâtres; et la munificence publique ou particulière en faisait les frais.

Dédiés à Bacchus et à Vénus, divinités tutélaires des jeux et des plaisirs, les théâtres furent considérés comme des lieux sacrés, et les représentations théâtrales se rattachèrent aux cérémonies religieuses. Les spectacles qui n'eurent d'abord pour but que d'honorer les dieux et d'instruire le peuple en l'amusant, devinrent ensuite un moyen de briguer les faveurs publiques : nombre d'ambitieux s'y ruinèrent, et César y dépensa plusieurs fois toute sa fortune.

THÉATRES.

Il existait à Pompéi deux théâtres de différente dimension : on profita, pour leur construction, d'un renfoncement naturel sur le flanc de la colline, à laquelle ils sont adossés : disposition que l'on peut remarquer dans la plupart des ruines de ces édifices. Le plus grand de ces théâtres, qui devait être destiné aux représentations des tragédies et des comédies, était découvert; l'inscription suivante qu'on y trouva, nous apprend que Marcus Holconius Rufus et Celer le firent élever à leurs frais, pour la gloire de la colonie.

M. M. HOLCONI. RVFVS. ET CELER
CRYPTAM. TRIBVNAL. THEATRVM. S. P.
AD. DECVS. COLONIÆ (1).

Le petit théâtre qui communiquait avec le précédent, était sans doute l'*Odeum*, ou Odéon, dans lequel les poètes et les musiciens disputaient le prix de la poésie et de la musique. C'était en effet à proximité des grands théâtres que se trouvaient placés ces édifices, dont la partie supérieure devait être couverte, comme l'était le petit théâtre de Pompéi, d'après l'inscription trouvée sur le mur qui le séparait du grand théâtre, et qui était ainsi conçue :

C. QVINTIVS. C. F. VAL
M. PORCIVS. M. F
DVOVIR. DEC. DECR
THEATRVM TECTVM
FAC. LOCAR. EIDEMQVE. PROBAR.

c'est-à-dire : « C. Quintius Valerius, fils de Caïus, et Marcus Porcius, fils de Marcus, duumvirs, ont été chargés, par un décret des Décurions, de surveiller la construction du *Théâtre couvert*, et se sont bien acquittés de cette mission. »

---

(1) Quoique le mot *colonie* soit employé dans cette inscription et qu'on en ait tiré la conclusion que Pompéi avait cessé d'être une ville *Municipe*, on pourrait également en conclure qu'il s'agit ici d'une des colonies que Publius Sylla conduisit dans le territoire Pompéien ou de celles que César et Auguste y établirent, et nonobstant lesquelles Pompéi peut avoir conservé son privilége de ville *Municipe* jusqu'au temps de Cicéron, et porté le titre de *Municipium* que lui donne Stace.

EXPLICATION DES PLANCHES

DE LA

QUATRIÈME PARTIE.

PLANCHE XCIII.

FRONTISPICE.

Vue restaurée du petit Théâtre.

La partie inférieure de cette planche, jusqu'au haut des gradins, offre une vue restaurée du petit théâtre dont la planche CVII fait voir l'état actuel. Les parties qui n'existent plus, ont été rétablies d'après des dispositions analogues observées au grand théâtre de Pompéi et dans les ruines des monuments antiques de cette nature. La *Vela* est entièrement conventionnelle, puisque le petit théâtre était un édifice couvert, comme le prouve l'inscription précitée. En substituant à sa couverture primitive, dont nul vestige n'a pu donner ni la forme ni l'ajustement, un *Velarium*, tel qu'il a dû exister au grand théâtre de Pompéi, nous avons voulu donner une idée de ce genre de voile, au moyen duquel les anciens abritaient les spectateurs de l'ardeur du soleil. Toutefois nous avons dû subordonner cette application au principal objet de notre planche, qui était l'ajustement d'un frontispice.

PLANCHE XCIV.

Vue générale du grand Théâtre.

Le spectateur est placé au-dessus des derniers gradins du Théâtre, à peu près au point Z du plan général. A gauche, à l'extrémité des gradins, on voit une des entrées latérales par où arrivaient les dignitaires qui devaient occuper des places réservées dans l'orchestre. A côté de cette entrée s'étend le mur d'appui ou *Pulpitum*, qui formait la face du *Proscenium;* d'autres constructions de la même hauteur qui s'élèvent derrière le *Pulpitum* servaient, avec celui-ci, de support aux planchers en bois qui formaient le *Proscenium*, sur

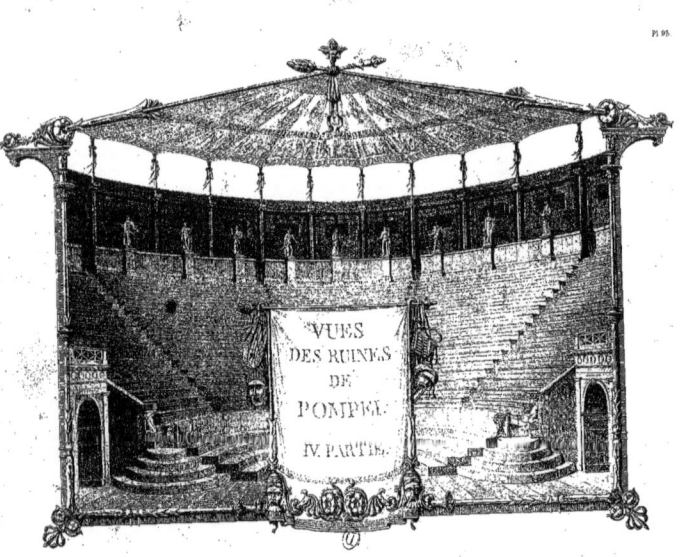

FRONTISPICE DE LA IVe PARTIE.
VUE RESTAURÉE DU PETIT THÉÂTRE.

VUE GÉNÉRALE DU GRAND THÉÂTRE.

VUE DU GRAND THÉÂTRE.

EXPLICATION DES PLANCHES.

lequel agissaient les acteurs et se plaçaient les décorations mobiles. Les constructions plus élevées, derrière le *Proscenium*, formaient la scène proprement dite, c'est-à-dire la principale décoration du Théâtre, qui était souvent composée de deux ou trois ordres. On y voit encore les trois entrées, dont celle du milieu, appelée la Porte royale, servait aux principaux personnages; les portes latérales, moins importantes, étaient destinées à l'entrée ou à la sortie des personnages secondaires. L'espace au-delà de la scène s'appelait le *Postscenium*; il servait de lieu de réunion aux acteurs et de dépôt pour les machines.

Le grand mur à gauche qui touche aux gradins, appartient au petit Théâtre, qui n'était séparé du grand que par la largeur d'un portique, servant de communication entre ces deux édifices.

La rangée de colonnes que l'on aperçoit dans le fond, appartient aux portiques qui entourent le camp des soldats. La petite fabrique moderne est l'habitation du gardien de Pompéi; c'est près de là que se trouve l'entrée par laquelle on pénètre aujourd'hui dans l'intérieur de la ville.

PLANCHE XCV.

Vue du grand Théâtre. (1)

Cette vue est prise sous une des entrées latérales qui conduisait à l'orchestre: sur la gauche, elle offre le développement du *Pulpitum*; ce petit mur qui séparait l'Orchestre du Théâtre, présentait sur une de ses faces des espèces de niches dans lesquelles étaient placés les musiciens qui accompagnaient les chœurs. Une grande porte placée à chaque extrémité du *Proscenium*, servait à l'introduction des chars ou autres objets de grandes dimensions qui pouvaient être employés dans les représentations des pièces de théâtre. On aperçoit une de ces portes qui s'élève au-delà du *Pulpitum*, entre la scène et le mur transversal contre lequel aboutissent les gradins. Sur la droite, on distingue les différents étages de gradins avec les palliers, *Præcinctiones*, qui les séparaient. Au haut du mur supérieur se voient les corbeaux en pierre disposés pour retenir les mâts auxquels était attaché le voile ou *Velarium* que les anciens étaient dans l'usage d'étendre sur leurs théâtres. On faisait mouvoir les différentes parties dont se composaient ces voiles, au moyen de poulies et de cordes.

---

(1) Nous devons le sujet de cette planche et de la suivante à la complaisance de M. Hittorf; il a bien voulu mettre à notre disposition la riche collection de ses dessins de Pompéi.

Le théâtre de Pompéi pouvait contenir environ 5,000 spectateurs : la grandeur de cet édifice et l'importance qu'il acquiert en y joignant les autres constructions telles que l'Odéon et les nombreux portiques qui en dépendaient, n'ont rien qui doive nous étonner : presque toutes les villes de l'antiquité offrent parmi leurs ruines des monuments semblables, la plupart d'une bien plus grande dimension.

PLANCHE XCVI.

Vue du grand Portique des Théâtres.

Sous le climat brûlant de l'Italie, et surtout chez un peuple dont presque toute la vie se passait dans les places publiques, l'établissement des portiques était devenu une nécessité, et c'était surtout à l'entour et à proximité des lieux de réunion les plus fréquentés que les anciens en érigeaient : celui-ci, qui fait partie d'un *Hecatonstylon* ou portique de cent colonnes, paraît avoir été élevé pour abriter, en cas de pluie, les nombreux spectateurs qui venaient se rassembler dans les théâtres. *Vitruve* parle de ces sortes de portiques comme d'un lieu de refuge indispensable dans le voisinage de ces monuments, et *Eusèbe* nous apprend qu'un *Hecatonstylon* semblable se trouvait près du théâtre de Pompée à Rome.

Les constructions à gauche appartiennent au grand Théâtre ; l'escalier qui se trouve à la seconde entrée, conduit à la galerie supérieure.

Parallèlement à la rangée de colonnes et dans toute son étendue régnait un petit mur d'appui, ou plutôt un banc formant une espèce d'enceinte au temple Grec, qui s'élevait au milieu du Xyste formé par les portiques de l'*Hecatonstylon*.

A l'extrémité de ce mur, vers l'entrée principale, se trouvait le piédestal d'une statue élevée à M. Claudius, fils de Marcus, et à Marcellus, protecteur ou patron de la ville, ainsi que l'indique l'inscription suivante gravée sur une de ses faces.

M. CLAVDIO. M. F. MARCELLO. PATRONO

PLANCHE XCVII.

Vue des Propylées du grand Portique.

L'entrée de l'*Hecatonstylon* était précédée, du côté du nord, par un porche,

VUE DU GRAND PORTIQUE DES THÉÂTRES.

VUE DU PROPYLÉE DU GRAND PORTIQUE

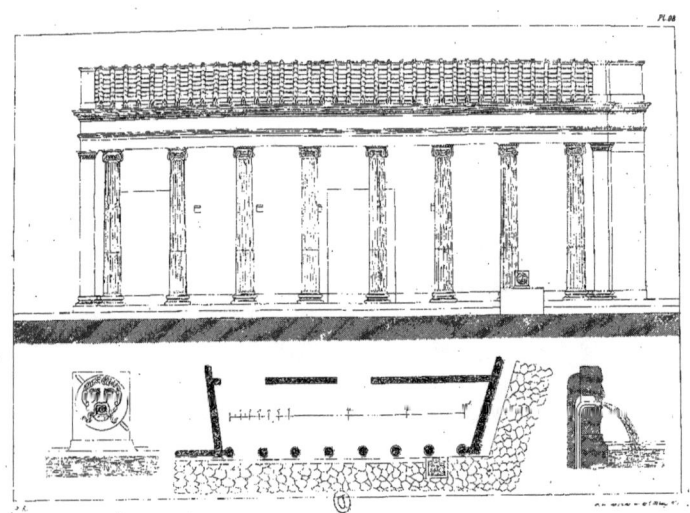

PROPYLÉE DU GRAND PORTIQUE.
ÉLÉVATION ET PLAN.

DÉTAIL de L'ORDRE du PROPYLÉE du GRAND PORTIQUE.

EXPLICATION DES PLANCHES.

ou *Propylées*, *ionique octostyle*, marqué P dans le plan général. Les colonnes en pierre volcanique étaient recouvertes en stuc et peintes en jaune ; les moulures de l'entablement sont profilées avec une grande délicatesse, l'exécution en est extrêmement soignée et les ornements distribués avec sobriété. Tout annonce dans cette construction l'époque grecque primitive, que nous avons déjà signalée dans l'examen du portique des Écoles (planche LXXXV, page 106), et à laquelle paraissent appartenir la plupart des édifices élevés dans cette partie de la ville.

Les fragments placés le long du mur du fond appartiennent à l'entablement.

Au-devant du portique se voit une des fontaines publiques dont Pompéi offre de si nombreux exemples : il y en avait dans presque tous les quartiers, et les maisons particulières en étaient aussi pourvues. (Voir les vignettes des pages 88 et 111.) Ces petits monuments sont tous d'une grande simplicité ; un bassin formé de dalles, réunies au moyen d'agrafes de fer, et un *Cippe* orné d'une tête ou d'un *Mascaron* d'où sortent les eaux, en font ordinairement le principal ajustement.

PLANCHE XCVIII.

Plan et élévation géométrale restaurée des Propylées de l'Hecatonstylon.

La restauration de ce portique fait juger de la belle proportion de son ensemble et de ses détails : les colonnes, dont une était restée entière, sont d'un galbe très-gracieux.

Les deux portes du mur du fond qui donnent entrée dans l'*Hecatonstylon*, sont placées, l'une en face du portique adossé au grand Théâtre, et l'autre en face de l'entre-colonnement du milieu du portique transversal : cette disposition qui était la plus commode est aussi la plus avantageuse pour l'effet perspectif, lorsqu'on traversait le porche pour entrer sous les portiques.

A droite et à gauche du plan se voient la coupe et l'élévation, sur une plus grande échelle, du *Cippe* qui surmontait la fontaine placée en avant des Propylées ; l'eau, amenée par un tuyau de plomb, sortait de la bouche d'un masque scénique représentant une tête de Faune accompagnée d'un bâton pastoral.

PLANCHE XCIX.

Détail de l'ordre des Propylées du grand Portique.

Dans le dessin en grand des profils de la base, du chapiteau et de l'entablement, ainsi que dans le caractère des ornements, on retrouve le type originaire de la belle architecture grecque : en effet, un des monuments les plus anciens de la Sicile, le tombeau dit de Theron, à Agrigente, offre dans ses chapiteaux les volutes angulaires sur toutes les faces, et par conséquent le modèle de ce genre de chapiteaux dont plusieurs édifices de Pompéi rappellent la tradition.

Fig. 1re. Profil du chapiteau sur le milieu de la face.

Fig. 2e. Plan et élévation d'une entaille pratiquée dans la face antérieure.

Fig. 3e. Entailles servant à recevoir les bois du plancher du portique et ceux de la charpente de la couverture.

PLANCHE C.

Vue restaurée du grand Portique des Théâtres.

Le spectateur est placé dans le portique adossé au mur du grand Théâtre, à l'extrémité opposée aux Propylées qui précèdent la porte que l'on voit dans le fond. Entre les colonnes, on aperçoit la façade du temple grec; plus loin, et au-delà du parapet des murs de la ville, se développe la partie du rivage qui devait anciennement former le port.

Sous ce Portique on a trouvé quelques objets d'or et d'argent et un anneau portant une émeraude.

PLANCHE CI.

Détail de l'ordre du Portique du grand Théâtre.

Les entre-colonnements de ce Portique étaient espacés de manière à offrir au public une circulation facile. Le chapiteau et l'entablement, d'ordre dorique, d'un profil assez pur, étaient en pierre et recouverts d'un enduit en stuc. Le refouillement des moulures, disposé pour retenir avec plus de force cet enduit, fait voir que l'usage de l'application du stuc était aussi général à Pompéi que dans tous les monuments antiques de la Grèce.

La table inférieure de l'architrave est plus haute que la table supérieure; et cette particularité, qui existe aussi dans l'ordre ionique des Propylées, se retrouve également dans les plus beaux monuments d'Athènes; c'est une nouvelle preuve de l'influence que l'architecture grecque a exercée sur celle de ces édifices.

L'entaille, en forme de demi-coin, que l'on remarque à la pierre formant

GRAND PORTIQUE DES THÉATRES.

VUE RESTAURÉE.

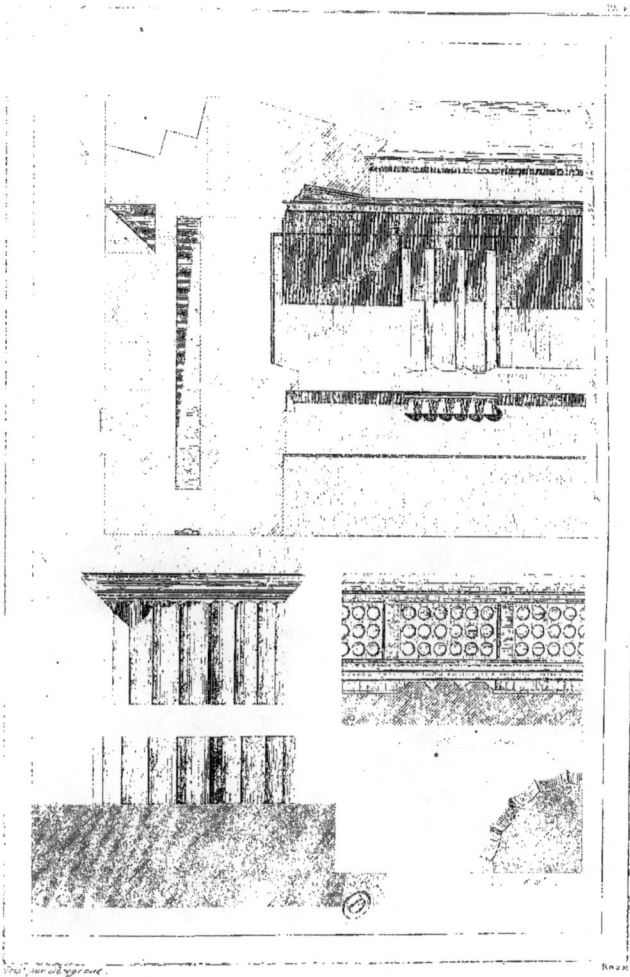

PORTIQUE DU GRAND THÉATRE,
DÉTAILS DE L'ORDRE.

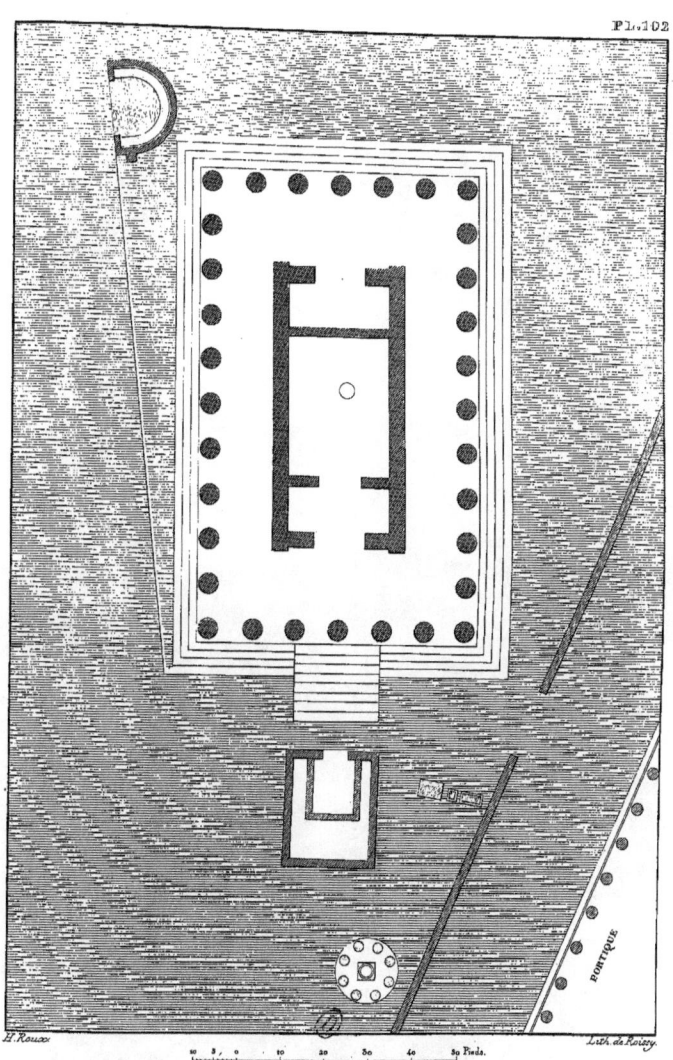

PLAN DU TEMPLE GREC.

EXPLICATION DES PLANCHES.

la frise et l'architrave, était répétée à chacun des joints verticaux correspondants à l'aplomb du milieu des colonnes : elle formait avec celle du morceau contigu un vide triangulaire où l'on plaçait sans doute des coins de bois ou de métal qui servaient à empêcher le déversement de ces pierres et à maintenir leur affleurement sur la face. Des entailles semblables, pour la forme et la destination, se retrouvent à chacun des morceaux qui composaient la corniche (1). L'entaille carrée sur la face intérieure était destinée à recevoir les pièces de bois du plafond du portique, et celles au-dessus servaient de point d'appui à la charpente du toit.

PLANCHE CII.

Plan du Temple Grec.

La situation et la forme de ce temple, qui s'élevait presque au milieu de l'*Hecatonstylon* et qui dominait les théâtres et le Forum, a fait supposer, avec quelque raison, que ce pouvait être le premier édifice de l'*Acropole* de Pompéi. Il n'en reste aujourd'hui que quelques débris épars sur les marches qui l'entouraient, et tout fait présumer que ce monument était déjà en ruines avant la dernière destruction de Pompéi. Son plan est entièrement conforme à ceux des temples grecs, et le style de quelques fragments de son architecture, ne permet pas de douter que ce monument ne fût un des premiers construits par la colonie grecque qui fonda Pompéi, comme ceux qui l'entourent le furent par leurs descendants immédiats.

La petite enceinte placée au devant du perron du temple paraît avoir été destinée à renfermer les victimes; et sa position, si près de l'entrée principale, a dû être motivée par la nécessité de satisfaire à quelques cérémonies du culte de la divinité à laquelle le temple était consacré.

Le petit édifice isolé que l'on voit au devant de l'enceinte dont nous venons de parler était formé de huit colonnes d'ordre dorique en tuf volcanique, supportant un *Epistyle* circulaire où était gravée une inscription en langue *Osque*, qui en attribue la construction à *Nitrebius*, trois fois grand-prêtre ou magistrat suprême. On a cru reconnaître dans ce petit monument une de ces en-

---

(1) Les blocs assez considérables qui formaient l'entablement étaient élevés au moyen d'une machine absolument semblable à celle qui chez nous porte le nom de *louve*. On a trouvé à Pompéi plusieurs de ces instruments, et dans divers fragments, des entailles correspondantes à leurs formes et à leurs dimensions.

EXPLICATION DES PLANCHES.

ceintes nommées *Bidental*, qui servaient de barrière ou de clôture aux lieux frappés de la foudre, sur lesquels les anciens élevaient des autels et sacrifiaient tous les deux ans une brebis : on a pensé aussi, avec plus de vraisemblance, que cet Ædicule pouvait être un puits sacré dont on se servait dans les cérémonies religieuses.

Le banc demi-circulaire, placé à l'angle Ouest du temple, est entièrement semblable à ceux qui sont élevés près de l'entrée de la ville, sur la voie d'Herculanum.

PLANCHE CIII.

Vue du Temple Grec.

Sur le premier plan se voit un des chapiteaux dont le profil rappelle celui des chapiteaux des temples les plus anciens de *Pœstum* et de *Selinunte* : le bas de l'*eschine* reposait immédiatement sur le fût des colonnes, et cette particularité, dont on trouve peu d'exemples, n'avait probablement d'autre cause que la difficulté de se procurer des pierres d'une assez grande dimension pour y tailler en même temps la naissance du fût de la colonne : ce chapiteau est d'un seul morceau ; le tailloir a 4 p. 11° de côté, et sa hauteur est de 1 p. 10° 9¹.

Les vestiges du temple et des petits monuments qui l'entourent se distinguent facilement en consultant le plan où ils sont détaillés.

Dans le lointain s'étend le mont Lactarius jusqu'auprès de l'île de *Caprée*, devant laquelle se voit le rocher appelé *la Pierre d'Hercule*. Sous le Lactarius est Castel-a-mare, non loin de Stabia où Pline le naturaliste trouva la mort, lors de l'éruption qui engloutit Pompéi.

PLANCHE CIV.

Plan du petit Théâtre.

Ce Théâtre ou Odeum, dont nous avons expliqué l'usage à la page 115, était inscrit dans un parallélogramme. Dix-sept rangées de gradins circulaires, divisées par quatre escaliers ou *Cunei*, formaient la partie où se plaçait le peuple ; quatre autres rangées, séparées des précédentes par un appui en marbre, étaient réservées pour les magistrats et les personnages de distinction auxquels on avait accordé les honneurs du *Bisellium* (1). Le *Pulpitum*, l'emplacement du

---

(1) Voyez planches XII et XIV, et pages 46 et 47, 1re partie.

VUE DU TEMPLE GREC.

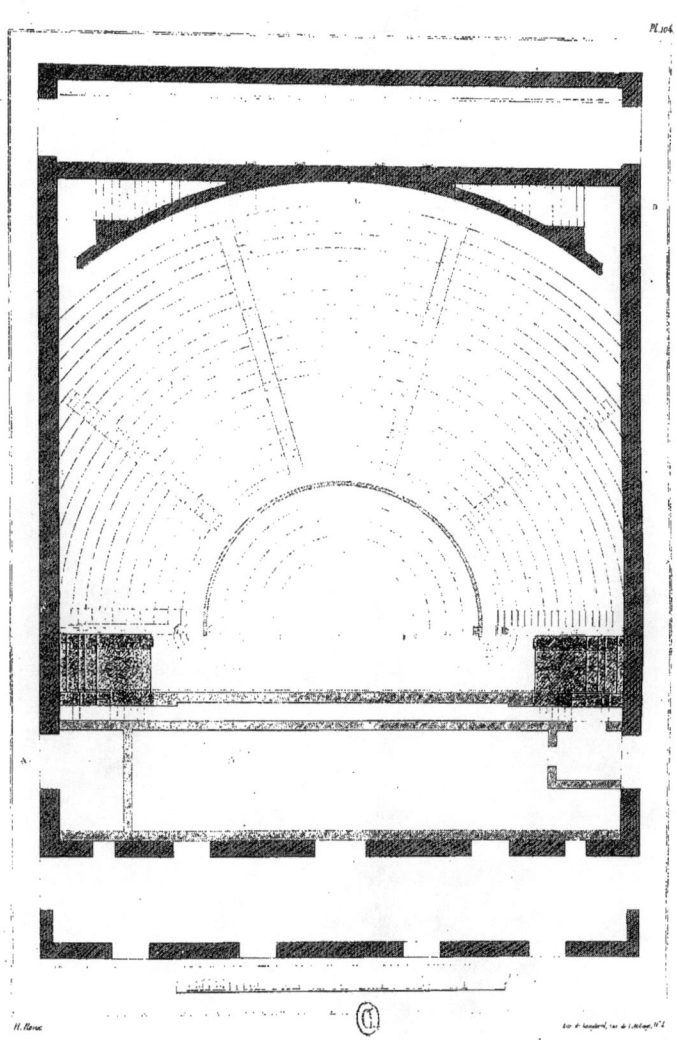

PLAN DU PETIT THÉÂTRE.

PETIT THÉATRE
COUPE GÉNÉRALE ET DÉTAILS

PETIT THEATRE

ELEVATIONS, COUPES ET DETAILS.

EXPLICATION DES PLANCHES.

Proscenium, la scène proprement dite et le *Postscenium* placé derrière la scène, formaient avec le passage où se trouvaient les grands escaliers des gradins inférieurs, l'ensemble de cet édifice. L'inspection attentive des deux planches suivantes qui présentent des coupes et élévations sous différents aspects, et auxquelles nous renvoyons le lecteur, suffit pour expliquer la disposition de ce monument et les détails qui le composent.

PLANCHE CV.

Coupe et détails du petit Théâtre.

La figure 1re présente la coupe générale du théâtre jusqu'au mur qui sépare le passage découvert des maisons voisines. On y voit, à droite, un des grands escaliers qui conduisaient à la galerie communiquant aux gradins les plus élevés.

La figure 2 donne le détail de l'ajustement de l'appui et de la rampe contre laquelle venaient s'appuyer les gradins inférieurs. Une griffe ailée ornait chaque extrémité de l'appui circulaire qui renfermait les places d'honneur, et une figure à genoux supportait les cimaises de l'extrémité de la rampe. Toute cette décoration ainsi que le mur circulaire et les gradins réservés étaient en marbre blanc.

Les figures 3 et 4 offrent les détails en grand des moulures de la rampe et du piédestal sur lequel la figure est agenouillée.

Fig. 5. Profil du soubassement de la face du *Pulpitum* ou petit mur sur lequel posait le plancher du *Proscenium*.

PLANCHE CVI.

Coupes partielles du petit Théâtre.

Fig. 1re. Moitié de la coupe sur la longueur de l'orchestre, en regardant les gradins.

Fig. 2. Autre moitié de la coupe prise sur les escaliers des gradins, en regardant la scène.

Fig. 3. Moitié de la coupe du théâtre sur la ligne A B du plan : on y voit sur la gauche trois gradins élevés sur une espèce de *Podium* au-dessus des portes d'entrée qui conduisaient à l'orchestre, avec les escaliers particuliers au moyen desquels on y montait.

Fig. 4. Coupe sur la ligne C D du plan : elle est prise sur un des deux

124   EXPLICATION DES PLANCHES.

escaliers de six pieds d'emmarchement qui conduisaient au haut des gradins et facilitaient l'écoulement de la foule.

Fig. 5. Cette coupe est prise au devant du *Podium* précité en regardant les gradins ; il y avait là une communication du dessous du *Proscenium* avec la rue.

Fig. 6. Inscription trouvée sur le pavé de l'orchestre ; elle signifie que « Marcus Occulatius Verus, fils de Marcus, était alors Duumvir pour les jeux.» Les lettres sont en bronze, incrustées dans une tablette de marbre de couleur.

PLANCHE CVII.

Vue du petit Théâtre.

Quoique cette vue, qui est tirée de l'ouvrage anglais, donne une idée très-claire et très-exacte de toute la disposition de l'intérieur de l'Odeum de Pompéi, nous ferons observer néanmoins qu'elle en donne une très-fausse de la grandeur réelle de cet édifice. Le lecteur peut facilement remédier à ce défaut en consultant les plans et les détails généraux que nous avons donnés dans les planches précédentes.

VUE DU PETIT THÉÂTRE.

PEINTURES ET MOSAÏQUES.

Le voyageur, en parcourant les ruines de Pompéi, est particulièrement frappé de la profusion des peintures qui décorent les édifices dans toutes leurs parties; cette richesse, qui forme un si grand contraste avec la parcimonieuse décoration de l'architecture moderne, se remarque dans le plus petit réduit des habitations particulières, comme dans les plus vastes salles des monuments publics. Partout, d'innombrables peintures forment, intérieurement et extérieurement, la principale et souvent la seule décoration. L'éclat des couleurs, la séduisante variété des compositions, leur exécution hardie, et jusqu'à leur ordonnance parfois capricieuse, tout, dans ces charmants tableaux, est d'un grand intérêt. L'harmonieux ensemble des tons brillants qu'étalent ces ruines produit une sensation plus agréable que triste, même sous l'impression des souvenirs qui se rattachent à la destruction de toute une ville. Ces colonnes, ces murailles éblouissent par la fraîcheur de leur coloris, et présentent plutôt l'aspect de constructions récentes et inachevées, que le tableau d'une cité détruite.

Parmi les peintures que nous avons publiées, nous en avons donné quelques-unes coloriées; et quoique nous ne puissions nous flatter d'être parvenus à reproduire nos modèles dans toute leur perfection, du moins nos essais en donneront-ils une idée plus complète que la gravure en noir. Les exemples que nous avons choisis feront suffisamment juger du système général adopté à Pompéi pour ce genre de décoration et de la variété des couleurs qui les composent.

Les panneaux et les compartiments qui forment ces peintures sont toujours peints de tons entiers, comme le noir, le rouge, le jaune, le bleu et le vert. Quelquefois tous les panneaux d'une décoration sont d'une même couleur, souvent ils se trouvent variés et entrecoupés par des compartiments à fonds blancs. Presque toujours le milieu de ces panneaux est occupé par des figures ou des groupes isolés se détachant en clair sur le fond du panneau, ou par des médaillons ronds ou carrés dans lesquels sont peints des bustes, de petites figures et des sujets mythologiques. Beaucoup de ces peintures offrent, dans leur partie supérieure, des ornements arabesques ou des sujets d'architecture qui se dessinent sur un fond tantôt blanc, tantôt d'un bleu très-tendre; cet ingénieux motif, dont l'effet est très-agréable, présente, par son contraste avec les tons foncés des parties inférieures, l'aspect d'un percé-à-jour qui agrandit à l'œil la petitesse des localités.

La multitude des ornements accessoires qui accompagnent les décorations de Pompéi et en forment une partie essentielle, se compose d'une infinité de bordures, d'encadrements, de frises, de montants, de guirlandes et autres détails dont la diversité ferait croire à l'épuisement de toutes les formes et à l'impossibilité d'en reproduire d'autres, si les nouvelles découvertes n'en augmentaient journellement la variété et le nombre.

Il n'entre pas dans notre sujet d'apprécier les applications, à la décoration moderne, des séduisants modèles qu'offre Pompéi; nous laissons au discernement des artistes éclairés le soin de juger les inépuisables créations d'ornements imaginaires et de compositions architectoniques plus ou moins fictives qui couvrent les ruines de Pompéi, et dont quelques-unes semblent néanmoins justifier la censure de Vitruve. Mais soit qu'on approuve, soit que l'on condamne tant de productions du génie des anciens, on ne peut s'empêcher d'y remarquer une grande perfection dans l'art du dessin, un sentiment exquis dans l'imitation des fleurs et des animaux, la plus grande simplicité jointe au style le plus élevé dans la composition des sujets historiques ou mythologiques. Ces innombrables peintures, qui ne furent certainement pas toutes des ouvrages d'artistes distingués, donnent la plus haute idée de l'état des arts en général, et surtout de la rare perfection à laquelle ont dû atteindre les peintres les plus célèbres de l'antiquité.

Les peintures de Pompéi sont remarquables, non-seulement par le caractère particulier qui les distingue, mais encore sous le rapport de l'histoire de l'art; elles nous montrent la peinture employée à la décoration des édifices, comme le complément de l'architecture chez les anciens. En effet, l'emploi de la peinture aussi généralement répandu dans une ville qui contient des restes d'architecture des époques les plus reculées jusqu'au premier siècle de notre ère, établit comme un fait incontestable l'influence traditionnelle d'un système qui remonte à l'Égypte, se retrouve chez tous les peuples de l'Orient, se transplanta chez les Grecs et s'étendit dans leurs colonies, dans l'Italie, et partout enfin où pénétrèrent le goût et le génie des Hellènes.

Ces peintures ne sont pas moins précieuses sous le rapport de la partie technique de l'art de peindre chez les anciens : l'éclat, la vigueur et les nuances des couleurs qui y sont employées, la beauté des stucs sur lesquels elles sont exécutées : tout décèle dans les moyens qu'ils mettaient en usage la plus rare perfection.

Les auteurs qui ont parlé de la peinture des anciens ne laissent aucun doute sur les différents procédés qu'ils employaient pour peindre sur l'ivoire, la toile, le parchemin, le bois, le marbre et les enduits; mais c'est seulement de cette dernière manière de peindre que les ruines de Pompéi nous ont conservé des exemples : elle s'appelait *la peinture à l'encaustique*. Pline (1) et Vitruve (2) nous ont transmis des notions détaillées sur les substances qui entraient dans cette peinture et les moyens employés pour l'appliquer sur les édifices.

D'après ces auteurs, le procédé de l'encaustique se réduisait, tantôt à incorporer la couleur dans le stuc qui formait la dernière couche de l'enduit des murs, ou simplement à appliquer sur cette couche des couleurs gommées; dans ces deux cas, on étendait sur toute la surface de ces stucs, lorsqu'ils étaient secs, un mélange de cire et d'huile fondu au feu, qu'on réchauffait ensuite pour le frotter, d'abord avec des cylindres de cire froide, et en dernier lieu avec du linge propre : tantôt aussi ce procédé consistait seulement dans une peinture exécutée sur les murs, au pinceau, avec de la cire colorée fondue au feu et mélangée avec de l'huile.

Parmi les modernes, MM. de Caylus (3), Mazois (4), de Montabert (5) et d'autres savants étrangers ont cherché à expliquer plus en détail cette manière d'opérer, et nous renvoyons, pour de plus amples renseignements, aux intéressants ouvrages de ces auteurs. MM. de Caylus et Montabert ayant exécuté des tableaux d'après les moyens indiqués par les anciens auteurs, on pourra, en consultant leurs écrits, apprécier les résultats qu'ils ont obtenus et les procédés qu'ils ont mis en usage pour faciliter l'exécution de ce genre de peinture.

Du reste, l'usage de décorer de peintures les murs des édifices n'a jamais cessé en Italie, il se retrouve dans les mosaïques des plus anciennes églises chrétiennes, dans les nombreuses fresques de la renaissance; et jusqu'à nos jours, il en a été fait de continuelles applications dans les édifices publics et particuliers.

---

(1) Pline, liv. XXXIII et XXXV.
(2) Vitruve, liv. VII.
(3) Mémoire sur la peinture à l'encaustique; Acad. des inscript. et belles-lettres, T. XXVIII.
(4) Ruines de Pompéi, 2ᵉ partie, pag. 62 et suivantes.
(5) Traité complet de la Peinture.

Les anciens, auxquels la peinture à fresque ne fut pas inconnue, employèrent presque toujours le procédé de l'encaustique ; et quoique les modernes aient plus généralement fait usage de la fresque, on retrouve néanmoins dans plusieurs villes d'Italie, et particulièrement à Milan, l'emploi d'un genre de peinture sur stuc presque en tout semblable aux peintures de Pompéi.

En donnant la description très-exacte de la manière dont les enduits en mortier et en stuc sont exécutés dans cette dernière ville, et du procédé employé pour y peindre les ornements, nous croyons être utiles aux artistes qui voudraient en faire l'application. Cette description jettera en même temps un nouveau jour sur la partie technique de cet art chez les Romains : la plus grande analogie existe entre le procédé des anciens et le procédé moderne, qui en est peut-être la tradition.

Description du procédé employé à Milan pour l'exécution des stucs lustrés en couleur et ornés de peintures.

Ces stucs s'appliquent également sur les murs en maçonnerie et sur le bois. Quand on veut employer ce genre de décoration sur un mur : il faut d'abord en couvrir toute la surface d'une couche de mortier ordinaire, qu'on recouvre d'un enduit d'une ligne d'épaisseur composé de sable fin et de chaux ; on se sert, pour l'étendre uniformément, d'une truelle en bois très-uni et de la forme d'un carré long. Sur cet enduit conservant encore un certain degré d'humidité, qu'il faut avoir le soin de rétablir quand elle se dissipe trop promptement, on applique avec la même truelle un second enduit très-mince composé de poudre de marbre et de chaux éteinte au moins quinze jours d'avance (1). Quand cet enduit, qui forme la première couche du stuc, est à peu près sec, on le recouvre d'un second enduit en stuc composé de 1/3 de poudre de marbre passée dans un tamis fin et de 2/3 de chaux ; après quoi, si l'on veut obtenir un fond blanc : au moyen d'une petite truelle plate en fer, et de la forme d'un triangle allongé, on étend sur la dernière couche d'enduit-stuc, de la chaux toute pure. S'agit-il de faire un ton local uni ou un marbre de couleur? il faut préalablement en mêler la teinte avec la poudre de marbre et la chaux qui forment la seconde couche de l'enduit-stuc ; prendre ensuite la même couleur très-liquide et délayée dans de l'eau de savon et de

---

(1) Si le marbre est *maigre*, on mêle deux parties de chaux et une de poudre de marbre ; s'il est *gras*, moitié de l'une et de l'autre.

chaux, et en couvrir toute la superficie une, deux et même trois fois. Sur ce stuc ainsi colorié ou laissé en blanc, on peint avec un pinceau (et quand on veut faire des marbres, avec une éponge), soit les veines et les tons des marbres de couleur, soit les ornements ou autres objets qui doivent composer la décoration. Cette peinture faite, on la laisse sécher assez pour que le frottement ne puisse plus l'effacer : puis on prend une autre petite truelle en fer de la même forme que la précédente, mais avec un dos arrondi, on la chauffe de manière à ce que la chaleur ne puisse calciner les couleurs, et avec le dos de cette truelle on passe, en appuyant avec assez de force, sur toute la surface enduite jusqu'à ce qu'elle soit parfaitement luisante. Enfin, avec une composition formée de 3 onces 1/2 de cire et de 6 onces de savon fondus au feu avec un peu d'eau, et délayés ensuite dans deux bouteilles d'eau bouillante, on couvre encore plusieurs fois le stuc déjà luisant, et l'on passe la truelle à dos arrondi, mais à froid. Les couleurs ainsi recouvertes d'un mélange de cire et de savon acquièrent une grande solidité, et le stuc un poli très-brillant, auquel on ajoute encore, par un frottement général avec un linge ou un morceau de laine roulé en forme de cylindre, dont l'emploi peut se renouveler et sert à l'entretien de la propreté et du lustre.

Quant à l'application de ce stuc sur le bois, l'opération est absolument la même, à l'exception du premier enduit ou mortier qui doit être remplacé par un mélange de colle-forte et de sable fin qu'il faut employer le moins épais possible.

Les couleurs dont on se sert généralement en Italie, et qui doivent être toutes minérales, sont :

    Pour le jaune.................. terra gialla di Roma.
           le noir.................. nero di fumo, *ou* nero di Roma.
           le vert.................. verde minerale.
           le brun-rouge............ brunitto di Bergamo.
           l'azur.................. smatto, etc., etc.

Les stucs coloriés et les peintures ainsi préparées présentent tous les avantages des peintures de Pompéi : les couleurs conservent leur fraîcheur et leur transparence non seulement dans les lieux couverts, mais encore à l'extérieur, comme le prouve quantité de boutiques à la décoration desquelles le stuc peint est employé, et qui se conservent très-bien, même à Milan, où les froids sont souvent très-rigoureux et les neiges fréquentes.

MOSAÏQUES.

L'usage des pavés en mosaïque était aussi général à Pompéi que celui de la peinture dans la décoration des édifices, et depuis la plus simple disposition qui consistait dans un ciment parsemé de quelques morceaux de marbre, jusqu'aux compositions les plus riches par la variété des couleurs et des ornements, ces mosaïques sont toujours en harmonie avec le caractère et l'importance des édifices où elles sont placées. On sait que l'invention de la mosaïque appartient aux Grecs; cet art dut sans doute son origine à la nécessité de remplacer, d'une manière plus durable, les peintures de tout genre et de toutes couleurs, dont les Grecs décoraient primitivement les aires en stuc de leurs édifices et de leurs habitations. Ce fait, dont parle Pline, et qui a été récemment constaté par la découverte des stucs coloriés qui couvraient le sol d'un temple à Sélinunte (1), explique en effet la combinaison des lignes, l'emploi des ornements et l'imitation des figures dont les pavés-mosaïques des anciens sont ornés et qui sont évidemment la reproduction d'une décoration peinte : de même que nos pavés les plus riches offrent la reproduction en marbre de compartiments de carreaux et de dalles en pierre qui formaient originairement l'aire de nos édifices et de nos habitations, et qui en sont encore le seul ornement.

Les descriptions que nous ont laissées les auteurs anciens de plusieurs pavés en mosaïque, et les monuments de ce genre que possèdent divers musées de France et d'Italie, suffisent pour nous donner une idée de la magnificence et de la perfection auxquelles ce genre de travail était parvenu dans l'antiquité.

Si les pavés de Pompéi n'offrent pas des mosaïques aussi importantes que celles de Palestrine et d'Otricoli, ils n'en sont pas moins remarquables par la diversité, le goût des compartiments, le choix des couleurs et l'intérêt des sujets qu'ils représentent.

Quoique les exemples des pavés-mosaïques que nous avons donnés soient peu nombreux, ceux que nous offrons, soit coloriés, soit en noir, joints aux divers pavés que nous avons introduits dans les restaurations de quelques édifices, suffisent pour donner une idée de ce genre de richesse qui complète de la manière la plus parfaite et la plus concordante le système général de la décoration de l'architecture des anciens.

---

(1) Architecture antique de la Sicile; par Hittorf et Zanth. 1er vol., pl. 31, fig. A.

EXPLICATION DES PLANCHES

RELATIVES

AUX PEINTURES ET MOSAÏQUES.

Pl. I et II.

Ces deux peintures décorent les voûtes de deux des salles situées sous le portique du Xyste de la maison de campagne. (Voyez les planches LII et suivantes, et la description à la page 80 et suivantes.)

Afin de donner une idée plus exacte de ces charmantes peintures, nous avons essayé d'en reproduire les couleurs sur la planche I; quant à la peinture de la planche II, le fond est entièrement jaune, les animaux et les petits sujets sont peints de couleurs naturelles : les liserés ainsi que les bandes d'ornements offrent la même diversité de tons que dans la planche précédente.

Pl. III.

La mosaïque coloriée, fig. 1re, est tirée du temple de Bacchus, où elle existe encore en partie.

Les mosaïques, fig. 2 et 3, sont des seuils de porte; elles ont été enlevées, et font partie de la collection de mosaïques du palais des études à Naples.

Pl. IV.

Divers ajustements de mosaïque en marbre blanc et noir, recueillis dans des habitations particulières.

Pl. V. VI. VII.

Les deux premières planches représentent des peintures qui décoraient plusieurs pièces de la maison de Salluste. Le tableau qui occupe le milieu de la planche V représente probablement Oreste venant demander le jeune Astyanax à Andromaque. La planche VI n'offre qu'une disposition de panneaux, d'encadrements et d'ornements divers. Quant à la planche VII, nous y retrouvons un de ces motifs d'architecture fantastique, que Vitruve blâme

EXPLICATION DES PLANCHES.

avec sévérité. Dans ces trois gravures on retrouve déjà une disposition commune à presque toutes les peintures de Pompéi, et qui consiste tantôt dans l'emploi de panneaux de couleur foncée, coupés par d'autres sur fond clair, et tantôt dans la représentation de sujets d'architecture qui, placés dans la partie supérieure des pièces, semblent agrandir à l'œil la petitesse des localités : nous avons déjà parlé de cette ingénieuse disposition à la page 126.

La gravure en noir ne pouvant donner qu'une idée générale de la composition, ne rend qu'imparfaitement les originaux auxquels la variété et l'harmonie des tons ajoutent un charme inexprimable.

Pl. VIII.

La peinture que nous donnons sur cette planche est du genre de celles qui offrent, dans la représentation de leurs parties architectoniques, des inspirations plus immédiates de constructions réelles : les chapiteaux des colonnes et des antes semblent des copies exactes faites d'après de pareils chapiteaux employés dans les édifices, et il n'y a nul doute que la disposition du plafond à caissons ne soit également une image fidèle des plafonds véritables.

Cette peinture faisait partie d'une longue décoration divisée par des bandes verticales d'ornements arabesques. Les sujets de la frise, au-dessus de chaque panneau, représentaient des cérémonies relatives aux sacrifices (1).

Pl. IX.

Ce sujet représente Persée au moment où il vient de délivrer Andromède et de pétrifier le monstre auquel elle avait été exposée : la tête de la Gorgone, qu'il tient derrière lui, ainsi que l'épée recourbée ou *Harpé* qu'il avait reçue de Vulcain, les ailes attachées à ses pieds et à sa tête, tout annonce le fils de Jupiter et de Danaë. Andromède est représentée vêtue d'une tunique violette et d'un voile bleu.

Le cadre intérieur qui entoure le tableau est brun ; l'encadrement extérieur, dont le fond général est bleu, est composé d'un enroulement de couleur blanche et d'une petite fleur dont le calice est vert. Cette peinture et celle de la planche suivante ont été trouvées dans la maison connue sous le nom de Casa Carolina (voyez au plan général, lettre P). Ces peintures vraiment remarquables par l'éclat de la couleur, sont presque effacées maintenant à force d'avoir été mouillées lorsqu'on les montrait aux curieux.

---

(1) Nous devons ce dessin, ainsi que celui de la planche XVII, à M. Isabelle, architecte, inspecteur de la Madeleine.

EXPLICATION DES PLANCHES.

Pl. X.

La diversité des explications auxquelles cette peinture a donné lieu laisse des doutes sur le sujet qu'elle représente. D'après l'opinion la plus accréditée, que nous abandonnons à la sagacité des archéologues, ce serait Diane que l'Amour conduit auprès d'Endymion.

L'encadrement est composé de divers motifs d'ornements tirés de plusieurs peintures de Pompéi.

Pl. XI. XII.

Ces deux peintures faisaient partie de la décoration d'une maison découverte en 1799 par le général Championnet. La première, qui formait un des côtés d'une petite pièce, est une des plus gracieuses compositions qui aient été trouvées jusqu'à présent : toutes les guirlandes, les fleurs et les plantes sont en couleurs naturelles ainsi que les figures qui occupent les médaillons ; le fond de ces médaillons est rouge et pareil à celui des deux montants, dont l'encadrement est vert ; le fond général est bleu, et les ornements arabesques des bandes horizontales se détachent sur un fond bleu plus foncé. Ces bandes sont bordées de jaune avec des liserés rouges et blancs. Le soubassement, la bande supérieure et les bandes latérales sont en rouge très-foncé. Le voile de la femme à genoux, du médaillon du milieu, est violet, et la draperie de la figure à côté, qui semble la soutenir, est de couleur rouge ; celle de l'enfant qui joue avec une biche est également rouge, et les ailes de l'enfant qui conduit un cygne sont bleues.

La planche XI, qui offre moins de détails, et que nous avons donnée coloriée, est d'une composition et d'un choix de couleurs non moins agréables.

Pl. XIII. XIV. XV. XVI.

Les peintures représentées sur ces planches sont toutes tirées du temple de Bacchus ; elles peuvent être regardées comme des portraits faits de souvenir, dans lesquels les peintres se complaisaient à représenter des habitations isolées au milieu de la campagne, des *Villa* construites sur le bord de la mer, et des Ædicules ou autres sanctuaires qui bordaient les voies publiques.

Si ces peintures, qui sont toutes de très-petits tableaux, introduits comme accessoires, çà et là, dans la décoration principale des parois d'un mur, offrent peu d'intérêt sous le rapport de l'exécution, elles en présentent un très-grand sous celui des édifices qu'on y a reproduits, et dont la forme et les différents motifs ont un grand caractère de vérité.

En examinant les deux sujets de peinture de la planche XIII, nous y voyons plusieurs constructions accompagnées de tours crénelées; disposition défensive indispensable dans les habitations de la campagne des anciens. L'usage de ces tours dont parlent les auteurs et que l'on désignait sous le nom de πύργος, était assez général; on le retrouve de nos jours dans les campagnes d'Italie, et surtout dans la Grèce moderne, où de pareilles constructions sont toujours nécessaires, et où elles portent encore le nom de *Pyrgos*. L'espèce d'auvent élevé au-dessus d'une de ces tours, l'indication des différentes toitures en chaume et en tuiles, celle d'un bâtiment rond qui rappelle la couverture du monument de Lysicrate à Athènes, le balcon qui entoure la partie supérieure d'un de ces édifices; tous ces détails sont aussi curieux que remarquables. Les figures représentent des pygmées; elles sont peintes en rouge foncé : les bâtiments supposés dans l'éloignement sont presque toujours bleu pâle ou blancs, et les arbres n'offrent pas, à beaucoup près, la forme et le fini de la gravure.

Sur la planche XIV se voient deux peintures d'un intérêt non moins grand : l'une représente une *Villa* de la plus grande magnificence, elle est construite sur une île, et élevée sur un soubassement percé de plusieurs arcades; des arbres entrelacés de guirlandes de vignes sont plantés au-devant et à l'entour de ce bel édifice, et des masses de verdure qui s'élèvent dans le fond, au-dessus des colonnades, des frontons et des bâtiments à plusieurs étages de cette somptueuse habitation, indiquent un jardin qui tient à cette *Villa*.

L'autre sujet nous montre, sur la droite, une espèce de belvédère entouré d'un balcon, à peu près semblable à une des constructions des précédentes peintures : ce belvédère est accompagné d'un édifice carré orné de pilastres aux angles, le haut est à jour, et un petit portique surmonté d'une figure de cheval semble désigner la porte d'entrée; plusieurs personnages animent ce paysage.

Le sujet de la première peinture de la planche XV offre des scènes de pygmées, on y voit un de ces êtres imaginaires, à moitié dévoré par un crocodile caché parmi des roseaux; deux des quatre spectateurs de cette scène témoignent l'effroi qu'elle leur inspire, tandis que les deux autres offrent un sacrifice sur un autel. Sur les deux rives d'un fleuve sont élevées des constructions parmi lesquelles on remarque deux temples; le fronton et le toit de forme circulaire qui couronnent celui qui est placé sur la rive droite ne peuvent laisser aucun doute sur l'emploi de ce genre de toiture chez les anciens; et l'ouverture carrée que l'on remarque sur la face latérale du temple de la rive gauche, prouve l'usage des fenêtres pour éclairer l'intérieur des monuments religieux.

Dans le bâtiment à pans, on retrouve un nouvel exemple d'une couverture semblable à celle du monument de Lysicrate à Athènes.

La deuxième peinture offre sur le premier plan un temple accolé à une construction circulaire, au-devant de laquelle est disposée une espèce de galerie découverte, composée de huit colonnes, entre lesquelles monte un escalier : le fond est occupé par une *Villa* d'une grande étendue.

Les deux tableaux de la planche XVI ne sont pas moins intéressants que les précédentes peintures; rien n'est plus élégant que les motifs d'architecture qu'on y distingue; des colonnades, des terrasses, des plantations à l'entour et des jardins sur les édifices; dans l'une, la simplicité des lignes jointe à une situation admirable sur le bord de la mer; dans l'autre, la diversité des formes mariée aux effets pittoresques d'une abondante végétation; partout des tableaux ravissants qu'on retrouve encore aujourd'hui dans les *Villa* et les casins des environs de Naples.

Pl. XVII.

Cette intéressante peinture, dans laquelle l'architecture réelle semble reproduite avec une certaine exactitude, est une de celles qui, par les détails précieux qu'elles renferment, ont jeté le plus de jour sur certaines parties de l'art de la construction chez les anciens. En effet, le grand porche avec son fronton, les acrotères surmontés de sphinx ailés et l'ornement du faîte, la porte avec ses venteaux, les portiques à deux étages, les plafonds à caissons ou en charpente apparente, le temple circulaire avec sa couverture; tous ces détails exprimés avec assez de clarté peuvent guider les artistes dans la restauration des monuments de Pompéi : les ajustements relatifs aux couvertures et aux plafonds sont d'autant plus précieux, qu'aucune des ruines de cette ville ne présente des traces de ces parties si essentielles des temples et des habitations.

Pl. XVIII.

Cette peinture, qui représente sans aucun doute les apprêts d'un combat de gladiateurs, a été trouvée dans l'amphithéâtre.

N. B. C'est à M. Hittorf, qui nous a aidé de ses conseils dans la rédaction du texte des deux dernières parties de notre ouvrage, que nous devons les précédentes notions concernant les peintures et les mosaïques de Pompéi et la notice sur la manière dont les stucs colorés et peints s'exécutent encore aujourd'hui à Milan.

EXPLICATION DES VIGNETTES.

FRONTISPICE GÉNÉRAL.

Vue du mont Vésuve et de la ville de Pompéi.

La longue ligne claire, au pied de la montagne, désigne l'emplacement de Pompéi. A son extrémité à gauche, se trouve la porte d'Herculanum, et du côté opposé est l'amphithéâtre. Le spectateur, en regardant le Vésuve, est tourné directement vers le Nord. Tout-à-fait à l'Ouest on aperçoit le village de *Torre-del-Greco;* en revenant vers l'Est, *Torre-del-Annonziata*, au-dessus duquel est l'éminence *di Camaldoli*, et presqu'au pied du Vésuve, *Bosco reale*. De l'autre côté de Pompéi s'étend la plaine où coule le Sarno, sur les bords duquel on remarque quelques moulins. La fabrique, au-delà du pont, est la *Taverna del-Lapillo*.

Nous avons dit dans la notice historique qu'il ne resta aucun vestige qui pût faire reconnaître la place où Pompéi avait existé. Cependant, si l'on considère que depuis des siècles l'emplacement de cette ville portait le nom de *Civitta* (la ville), et que la partie supérieure du mur du grand théâtre, quoique recouverte de terre, a dû toujours s'apercevoir au-dessus du sol; il paraîtra extraordinaire que ces circonstances n'aient pas éveillé depuis plus long-temps l'attention des antiquaires, et qu'il ait fallu attendre du hasard la découverte de cette mine si riche en objets d'arts et d'antiquités.

VIGNETTE DU TITRE.

Petit autel consacré aux dieux lares : ce symbole se rencontre dans toutes les habitations.

Page 6. Lampe en terre cuite au 2/3 de l'original. Parmi les milliers de lampes de ce genre qu'on rencontre journellement dans les fouilles de Pompéi, celle-ci est une des plus simples. On en a trouvé une grande quantité en bronze; plusieurs étaient d'un travail exquis et d'une forme quelquefois très-originale.

Page 7. Bas-relief de trois pieds de haut représentant des cariatides; au-dessus était une inscription ainsi conçue :

Ce trophée a été élevé à la Grèce, après la défaite des Cariates.

Page 23. Un Centaure, les mains liées derrière le dos, dompté et conduit par une Bacchante armée d'un thyrse; cette charmante peinture provient d'Herculanum.

Page 25. Divers fragments :
1. Peinture tirée de la maison de Salluste.
2. Candélabre en bronze.
3. Trépied aussi en bronze.
4. Griffons à têtes de bélier, Peinture.
5-6. Cheneaux en terre cuite.
7. Peinture.

Page 30. Un des créneaux des remparts de la ville.

Page 38. Inscription Osque (voir l'explication, page 56).

Cippe funéraire, vu des deux côtés : on peignait ordinairement dans les cérémonies funèbres, sur la face lisse, la ressemblance des personnages dont on déplorait la perte.

Page 56. Vue du banc ou hémicycle de la prêtresse *Mamia*; l'inscription est expliquée à la page 42.

Page 57. Petite boutique avec son comptoir et son enseigne : on aperçoit encore la rainure dans laquelle glissaient les volets en bois. Le comptoir est percé de trous où l'on plaçait les vases contenant l'huile ou le liquide que l'on y vendait.

Les deux têtes de femme sont des *Antefixes* en terre cuite.

Page 62. Cuisine et lieux d'aisances faisant partie du vénéréum de la maison de Salluste (voyez page 70).

Page 88. Une des fontaines publiques que l'on rencontrait à chaque pas dans les rues de Pompéi : elles sont presque toutes faites sur ce modèle et ne diffèrent guère que par l'emblème sculpté sur le petit cippe qui les surmonte et reçoit l'extrémité du tuyau qui apporte et verse les eaux.

Page 89. Vue d'un petit temple découvert en 1822, situé derrière les thermes, au coin de la rue qui conduisait au Forum (voyez au plan général, lettre N j) : il est connu à Pompéi sous le nom de Temple de la Fortune; on en attribue la fondation à la famille Tullia. L'accès de son portique était in-

EXPLICATION DES VIGNETTES.

terdit au public au moyen d'une grille en fer, à barreaux droits, dont quelques parties inférieures sont encore à leur place.

Le petit autel élevé sur une espèce de *Podium*, au-devant du portique, offre une disposition analogue à celle du temple de Jupiter.

Page 111. Fontaine située au milieu de la rue qui aboutissait à l'extrémité sud du Forum.

Page 113. Masques tragiques et comiques : cette peinture a été trouvée dans le Triclinium de la maison de Salluste.

Page 124. Le sujet de cette peinture paraît être tiré du premier livre de l'Iliade : Achille ne pouvant plus contenir son indignation contre Agamemnon, porte la main à son épée, mais il est arrêté par Minerve qui apparaît derrière lui.

Page 138. Vase en bronze de dix-huit pouces de hauteur.

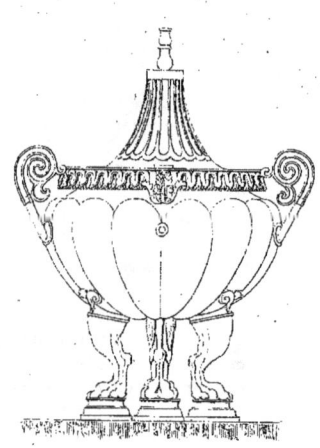

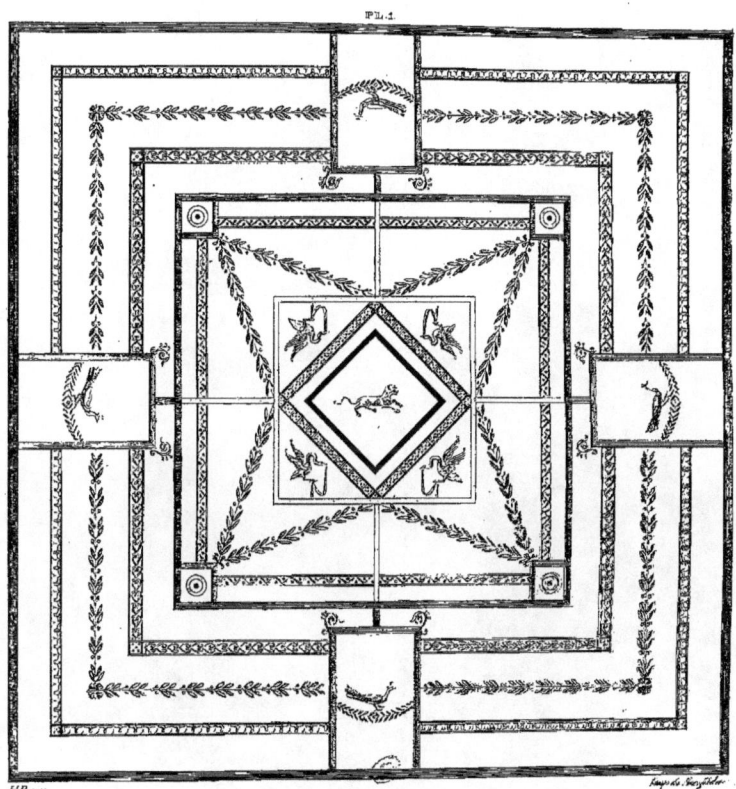

PLAFOND

MOSAÏQUES.

MOSAÏQUES.

MAISON DE SALLUSTE.
PEINTURE

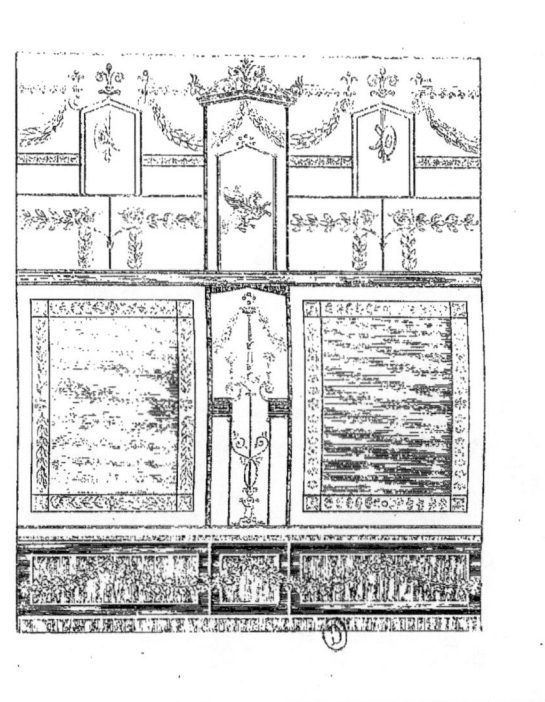

MAISON de SALLUSTE.

PEINTURE.

PL. VII.

PEINTURE.

PEINTURE.

PL. IX.

PEINTURE.

Pl. X.

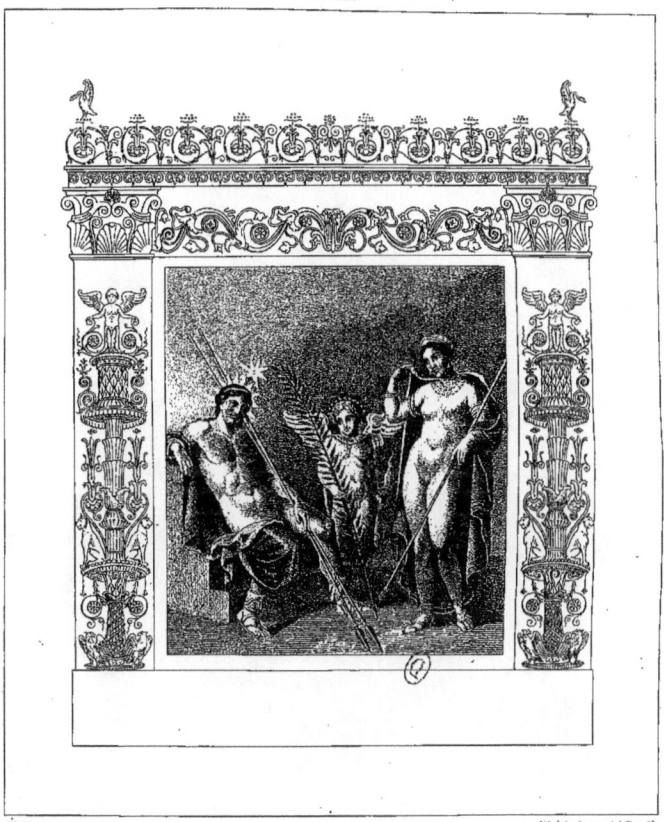

PEINTURE.

PL. XI.

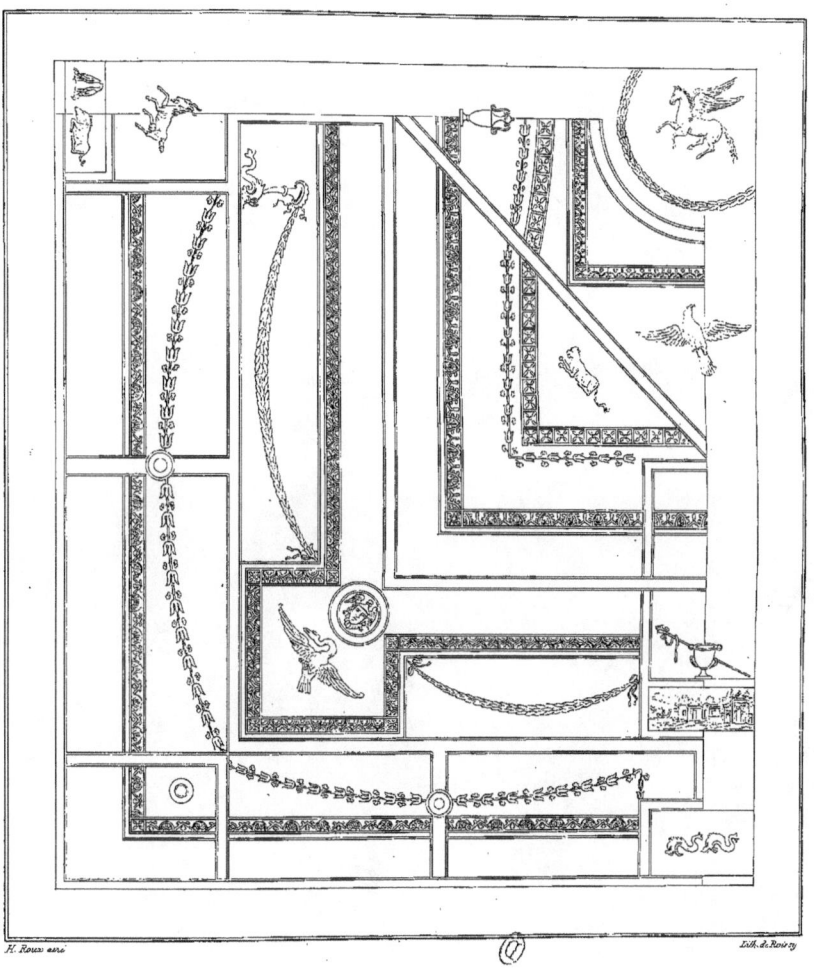

PLAFOND
d'une Salle de la maison de campagne.

PL. XII.

MAISON de CHAMPIONNET.

PEINTURE.

TEMPLE DE BACCHUS.
PEINTURES.

PL. XIV.

PEINTURES.

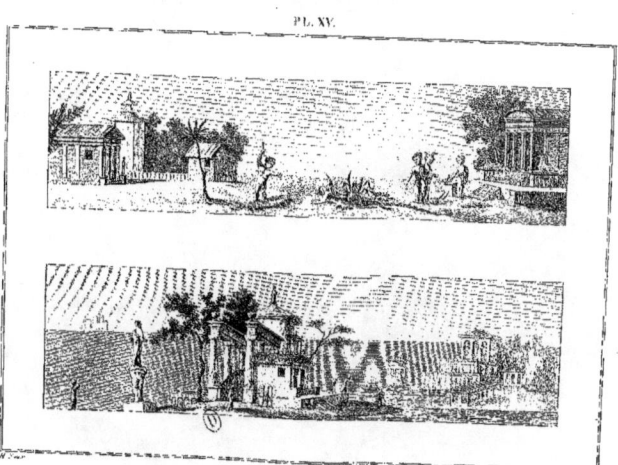

PEINTURE,
dans le Temple de Bacchus.

PL. XVI.

PEINTURE.

PEINTURE.

PL. XVIII.

PEINTURE

TROUVÉE DANS L'AMPHITHÉÂTRE.

TABLE.

*N. B. Les Planches marquées d'une * ont été ajoutées à celles tirées de l'ouvrage anglais.*

Numéros des Planches.		Pages
1.	Frontispice..	31
2.	Carte de la Campanie...	id.
*3.	Plan général de Pompéi..	33
*4, 5, 6 et 7.	Plan détaillé..	id.
8.	Vue de la rue des Tombeaux.....................................	44
9.	Vue du Triclinium funèbre.......................................	id.
10.	Tombeau de Nævoleia Tyche.....................................	45
11.	Vue intérieure..	id.
*12.	Détails...	id.
13.	Tombeau de Calventius Quietus..................................	46
*14 et 15.	Détails...	47
*16.	Plan du Tombeau de Scaurus.....................................	48
17.	Vue d'une partie de la rue des Tombeaux.......................	id.
18.	Vue du Tombeau rond et du Tombeau de Scaurus..............	49
19.	Vue du Tombeau de Scaurus.....................................	id.
*20.	Bas-relief du même Tombeau....................................	id.
21.	Vue de l'Hémicycle...	51
*22.	Vue restaurée de l'Hémicycle....................................	id.
23.	Tombeau sans inscription..	52
24.	Vue des murs d'enceinte...	54
25.	Vue d'une des tours..	id.
26.	Porte d'Herculanum, Vue extérieure............................	id.
27.	Id............... Vue intérieure..................................	55
28.	Id.............. Vue restaurée...................................	id.
29.	Porte de Nola ou du Sarnus......................................	id.
*30.	Frontispice de la 2ᵉ partie. Vue d'un Atrium toscan...........	63
31.	Vue d'un Carrefour...	id.
*32.	Plan et coupe d'un Atrium toscan...............................	64
*33.	Plan de la maison des Vestales...................................	65

TABLE.

Numéros des Planches.		Pages
34.	Vue de la maison des Vestales..	66
* 35.	Plan de la maison de chirurgie.	67
36.	Vue de la maison de chirurgie.	id.
* 37.	Maison de Salluste, Plan.	68
* 38.	Id............Détails et coupe.	71
* 39.	Id...........Coupe du Triclinium et Peinture.	id.
40.	Id..............Vue de l'Atrium.	72
41.	Id..............Vue du Triclinium.	id.
* 42.	Id..............Vue restaurée du Triclinium.	73
* 43.	Maison de Pansa, Plan.	id.
44.	Id............Vue de la porte d'entrée.	76
45.	Id............Vue du Péristyle.	id.
46.	Id............Vue restaurée de l'Atrium.	77
47.	Id............Vue de la boulangerie.	id.
* 48.	Maison de Championnet, Plan.	78
49.	Id............Vue de l'Atrium.	79
* 50.	Id............Vue restaurée.	80
* 51.	Id............Coupe et détails.	id.
* 52.	Maison de campagne, Plan.	id.
53.	Id............Vue générale.	85
* 54 et 55.	Id............Coupe.	86
* 56.	Id............Détails.	87
* 57.	Id......Vue restaurée d'une salle sous le portique.	id.
58.	Id......Vue du bain triangulaire.	id.
* 59.	Id......Vue restaurée du même bain.	id.
* 60.	FRONTISPICE DE LA 3ᵉ PARTIE. Vue du temple de Bacchus.	91
61.	Première vue du Forum.	id.
62.	Deuxième vue du Forum.	92
63.	Vue restaurée du Forum.	id.
* 64.	Temple de Jupiter, Plan.	id.
* 65.	Id............Coupe et détails.	94
66.	Id............Vue du portique.	id.
67.	Id............Vue intérieure.	95
68.	Id............Vue restaurée.	id.
* 69.	La Basilique, Plan.	id.
70.	Id........Vue.	97
* 71 et 72.	Id........Coupes et détails.	id.
73.	Id........Autres détails.	98
* 74.	Temple de Bacchus, Plan.	99
* 75.	Id............Élévation et détails.	100
76.	Id............Vue.	id.
77.	Id............Autre Vue.	101
* 78.	Temple de Mercure, Plan.	id.

TABLE.

Numéros des Planches.		Pages.
79.	Temple de Mercure, Vue..	102
*80.	Temple d'Isis, Plan..	id.
81.	Id..........Vue...	104
*82.	Portique des Écoles, Plan...	105
83.	Id..............Vue...	id.
*84.	Id..............Vue restaurée....................................	106
*85.	Id..............Détails...	id.
*86.	Temple d'Esculape, Plan...	107
*87.	Id..............Vue restaurée....................................	id.
*88.	Id..............Détails...	108
*89.	Camp des soldats, Plan..	id.
*90.	Id..............Coupe et détails.................................	110
91.	Id..............Vue prise sous le portique.......................	id.
*92	Id..............Vue restaurée....................................	111
93.	FRONTISPICE DE LA 4ᵉ PARTIE. Vue restaurée du petit Théâtre........	116
94.	Vue générale du grand Théâtre.....................................	id.
*95.	Vue du grand Théâtre prise de l'entrée............................	117
*96.	Vue du grand Portique des Théâtres................................	118
97.	Vue des Propylées du grand Portique...............................	id.
*98.	Plan et élévation des Propylées...................................	119
*99	Détail de l'ordre des Propylées...................................	id.
*100.	Vue restaurée du grand Portique...................................	120
*101.	Détail de l'ordre du grand Portique...............................	id.
*102.	Plan du Temple grec...	121
103.	Vue du Temple grec..	122
*104.	Petit Théâtre, Plan...	id
*105.	Id..........Coupe générale et détails............................	123
*106.	Id..........Élévations...	id.
107.	Vue du petit Théâtre..	124

PEINTURES.

*I.	Plafond d'une salle de la Maison de campagne......................	131
*II.	Id..........id..........id.......................................	id.
*III.	Mosaïques. Temple de Bacchus......................................	id.
*IV.	Mosaïques..	id.
V.	Peinture de la maison de Salluste.................................	id.
VI.	Id..............id...	id.
VII.	Id..............id...	id.
*VIII.	Peintures du musée de Naples.....................................	132
IX.	Persée et Andromède..	id.
X.	Diane et Endymion..	133
*XI.	Peinture de la maison de Championnet.............................	id.

TABLE.

Numéros des Planches.		Pages.
*XII.	Peinture de la maison de Championnet................	133
XIII.	Peintures du Temple de Bacchus................................	id.
XIV.	Id...........id.......,id...................................	id.
XV.	Id...........id.......,id...................................	id.
XVI.	Id...........id.......,id...................................	id.
*XVII.	Peinture du musée de Naples................................	135
XVIII.	Peinture trouvée dans l'amphithéâtre........................	id.

ERRATA.

Page 20, ligne dernière, mettre un point à la fin de la ligne.
21 — 18, mettre le signe (1) du renvoi après le mot femme ».
32 — 22, autant de Capoue à; *lisez*: autant d'Atella à Naples.
Id. — 24, Herclanium; *lisez* : Herculanum.
51 pl. XXI, deux petits piédestaux marqués *a* sur le plan général : cette indication a été omise.
66 ligne 26, (Voir la 5ᵉ partie entièrement; *lisez*: Voir la 4ᵉ partie dont la fin est consacrée, etc.
68 — 11, (Voir la 5ᵉ partie); *lisez* : Voir la 4ᵉ partie.
74 — 19, fosses; *lisez* : Fauces.
76 — dernière, margelles; *lisez* : mardelles.
78 — dernière, fosses; *lisez* : Fauces.
La planche intitulée : *Portique du grand Théâtre*, *détail de l'ordre*, qui porte le n° 102, doit être numérotée 101.
La planche intitulée : *Plan du Temple grec*, qui porte le n° 101, doit être numérotée 102.
La planche intitulée : *Plafond d'une salle de la maison de campagne*, qui porte le n° XI, doit être numérotée II.
La planche coloriée qui représente un petit temple et porte le n° VII, doit être numérotée XVII.

www.ingramcontent.com/pod-product-compliance
Lightning Source LLC
Chambersburg PA
CBHW060346190426
43201CB00043B/886